さよなら、仏教

タテマエの僧衣《ころも》を脱ぎ去って

髙橋卓志

AKISHOBO

さよなら、仏教

タテマエの僧衣《ころも》を脱ぎ去って

もくじ

序章

本当の事を云おうか

人類は小さな球の上で
眠り起きそして働き
　ときどき火星に仲間を欲しがったりする

谷川俊太郎さんの衝撃的な処女詩集『二十億光年の孤独』（創元社、一九五二年）の書き出し部分である。以来六〇余年、谷川さんは詩、絵本、脚本、翻訳、作詞、評論などさまざまなジャンルで大活躍されている。神宮寺で一九九七年から一〇年間、一〇〇回開催した学びの場「尋常浅間学校」では、詩の朗読、歌手・小室等さんやぼくとの対談など、何度も教壇に立ってくださった。

二〇一六年九月、「谷川俊太郎展　本当の事を云おうか」が静岡県三島市の大岡信ことば館で開催された。谷川さんが「云う」「本当の事」とは何かを知りたくて行ってみた。「本当の事を云おうか」は谷川さんの詩画集『旅』（求龍堂、一九六八年、画は香月泰男）の中の連詩「鳥羽」にある一節だ。

本当の事を云おうか
詩人のふりはしてるが
私は詩人ではない

詩全体の内容はいま語らないが、このフレーズに限って言えばじつに挑発的でおもしろい。一人の人間として世界を視る谷川さんの確固とした人間性の中に詩人・谷川俊太郎が包含されている。だから平然と「詩人のふりをしてる」と云えるのだと思うからだ。

「ふり」とは、本質らしきものをそれらしく装うことであり、本当はないものをあるようにみせかけ、そのためのやりくりをすることでもある。だから「ふり」には自然と「ゆがみ」や「ずれ」、「だまし」や「まやかし」が生じる。生活のため、見栄のため、義理や人情のため、自分の立場や地位を守るために「ふり」を演じる人は多い。谷川さんのこのフレーズは、「ふりをして生きているおまえはいったいナニモノか？」という根源的な問いに聞こえる。

たとえばぼくが谷川さんを真似て、

本当の事を云おうか
坊さんのふりはしてるが
私は坊さんではない

と云ったとする。すると、ぼく自身に世界を串刺しにする世界観やそれに耐えうる人間性があるか、その人間性の中に包含された仏教者（坊さん）としての自分はあるか、がまず問題となる。それがなければ「坊さんのふりはしてるが／私は坊さんではない」と平然と云えない。ぼくは四二年間、まさに坊さんの「ふり」をしたまま、自分をだまし、人をだまし、責任を回避し、タテマエを吹聴しながら、本音を云えず、言い訳を続けてきたからだ。

いまさらながらだが、ぼくは「本当の事を云いたい」衝動に駆られている。そのために確固たる髙橋卓志《たくし》という人間性を築き上げ、その中枢に「仏教」を包含したい。そして平然と「坊さんのふりはしてるが／私は坊さんではない」と云ってみたい。

谷川さんのこのフレーズは、ここに至るまで踏み出せなかった「本当のことを云う自分」への意欲をかきたてるものだったのである。

本当はヒトの言葉で君を送りたくない
砂浜に寄せては返す波音で
風にそよぐ木々の葉音で
君を送りたい

二〇一七年四月五日に亡くなった詩人（評論家）・大岡信さんを送る谷川俊太郎さんの悼詩はこのように書き出されていた。

大岡さんは、一九七九年から二〇〇七年までの足掛け二九年間、「朝日新聞」朝刊第一面に「折々のうた」を連載し、その回数は六七六二回を数えた。短歌、俳句、現代詩から歌謡まで、ジャンルを超えた古今東西のうたや言辞を引き、一八〇字前後で簡潔に、誰にも理解できるように解説する「折々のうた」は魅力的だった。紙面の定位置には大岡さんの博学・博捜、そして融通無碍な解像力があふれ、これを読まないと一日が始まらないという人は多かった。

大岡信ことば館で開催されていた「谷川俊太郎展　本当の事を云おうか」は盟友関係にあった二人の姿が鮮やかに浮き出るような展覧会だったが、そのわずか半年後大岡さんは旅立った。

谷川さんは大岡さんの死後、「一人で死を悼みたい」と沈黙を守っていたというが、盟友を見送る詩を四月一一日の「朝日新聞」に書き下ろした。その書き出しが先の一節なのである。

ぼくにも盟友と呼べる存在はある。盟友以上に大切な人もいる。もしぼくがその人を送ることになった時、色あせ、手あかにまみれた言葉は使いたくない。砂浜に寄せては返す波音で、風にそよぐ木々の葉音で送りたい、と思う。

今朝のこの青空の下で君を送ろう
散り初《そ》める桜の花びらとともに
褪《あ》せない少女の記憶とともに

君を春の寝床に誘《いざな》うものに
その名を知らずに
安んじて君を託そう

谷川さんは悼詩をこのように結んだ。

盟友とたどった人生回廊の記憶に春（青春）の風景が重なる。それがやけに艶やかだ。そして安んじて託せるものの許に盟友を手放す覚悟が見える。それは盟友とどこかで再び逢えるという確信があるからなのかもしれない。うらやましい。

「本当の事を云おうか」とこの悼詩はぼくに大きな決断をさせた。

七〇年前、神宮寺という寺に生まれ、寺で育ち、まともな修行もせず、四二年前「坊さんのふり」をし始め、「ふり」の中に居続けたぼくを谷川さんは嗤《わら》ってくれたのだ。多くの人々の旅立ちの場で形式的で権威的な葬儀を何のためらいもなく、仏教者のふりをして続けている坊さんの世界を谷川さんは嗤ったのだ。

これから語ろうとするのは、「砂浜に寄せては返す波音で／風にそよぐ木々の葉音」で人生を終えた人々を送りたいという想いを持ち、「本当の事を云おうか／坊さんのふりはしてるが／私は坊さんではない」と「本当の事が云える場所」への到達を目指し、再誕の旅に出ようと決意するまでのぼく自身の物語である。

第1章

死んだ人間で食っている

二〇〇九年、第八一回アカデミー賞・外国語映画賞を受賞した映画「おくりびと」（滝田洋二郎監督）の中にこんなシーンがある。

妻を亡くした喪家《そうけ》に、時間通りに到着できなかった納棺師が、玄関先で神経質そうな喪主（夫）から激しくなじられる。「おっせー（遅い）！　五分も過ぎてんだぞ！　五分も！」「おめぇら、す（死）んだ人間で食ってんだろう、早くす（し）ろ！」。このシーンだけではない。この映画には、死を扱う者への「穢《けが》らわしさ」を侮蔑的な言葉として投げつける多くの人々が登場する。

「おくりびと」のモチーフとなった『納棺夫日記』（文春文庫、一九九六年）の中で、著者・青木新門さんは「職業に貴賤はない。いくらそう思っても、死そのものをタブー視する現実がある限り、納棺夫や火葬夫は、無残である」と書いている。そして、青木さんは「無残」に至る致命的な問題を指摘する。それは彼らが「死というものに常に向かい合っていながら、死から目をそらして仕事をしている」と言うのだ。「自分の職業を卑下」しながら、「己の携わっている仕事の本質から目をそらして」いる。「嫌な仕事だが金になるから、という発想が原点にあるかぎり、どのような仕事であれ世間から軽蔑され続ける」とも述べている。

死にかかわるのは、納棺夫や火葬夫だけではない。坊さんも同じだ。だからもしも坊さんが「己の仕事の本質から目をそらしている」のなら「無残」ということになる。

ぼくたち坊さんは袈裟《けさ》・衣《ころも》をまとった葬儀の場で死者と向き合い、長年続いた宗派伝来の儀式を行う。しかし、現代の葬儀は、つねに死者を目前に置きながら、遺族や会葬者に死の実相と死の認識、儀式の意味を正しく伝えることはほとんどない。

葬儀社によって主導された時間制限の中で、意味不明で説明もないお経をよむだけなのだ。死化粧された遺体を前にして、その人が送った人生など反映しなくても、その人が死線を越える際に出合った悲・痛・苦をあえて思い描かなくても、遺族の悲嘆を軽減しようなどという意欲を持たなくても葬儀はできる。現代の葬儀における坊さんは、死者から目をそらすことができる場所にいるのである。しかも、それらは現代葬儀の固定観念となっている。つまり、多くの人々は「葬儀とはそういうものだ」と刷り込まれているから、そのような葬儀でも、あえて疑問を放つことはない。陰では「あいつら、死んだ人間で食ってんじゃねえか」と言いながら、坊さんや葬儀社の人々に対して、直接その言葉を発しない。そんな生ぬるい仕事では「苦」を抱えた人々の信頼が得られるはずはない。存在感や有用感など沸き起こるはずもない。

そうは言うが、ぼくは坊さんになりたての頃、死者から目をそらし、遺族の悲しみや苦しみに背を向けた怠惰な坊さん生活を続けていたのである。

坊さんのふり

ぼくは長野県松本市にある禅寺（臨済宗）の一人っ子として生まれた。典型的な禅坊主だった父から寺の後継ぎとして育てられ、檀家もそれを当然のこととして歓迎した。小学校の頃は父のお盆参りに同行し、中学生になると葬儀にも出た。同級生の親族が亡くなるとその葬儀に参列した級友たちは、ぼくが小僧として悲しみの儀式に出ている光景を見ることになる。そして翌日の教室では「見たぞ！」「おまえの家は人が死ぬと儲かるんだな」という「おくりびと」にあるような言葉が浴びせかけられた。坊さんとは、人が死ぬことにより、人の不幸によって生計を立てる職業だということを痛切に感じ、たまらない嫌悪を感じた。

寺からの脱出のためさまざまな抵抗を試みたが、父の権威と母の涙に逆らえず、世襲するため修行に出た。だが、修行にも教学や経典の勉強にも魅力を感じることはなかった。何のための修行かもわからず、坊さんとしての使命の指針も定まらなかった。そんな環境から「発心《ほっしん》」(悟りを得ようという心＝菩提心を起こすこと）など生まれるはずがない。だから、修行を一定期間のムショ勤めのようなものと割り切った。ぼくは単に修行僧の「ふり」をしていただけだった。そして、それは修行道場を出た後も続いた。

神宮寺に帰り、葬儀や法事に出ることで、周囲は「死の専門家」のようにぼくを見た。だが、そんなぼくに「死」のことなどわかるはずはなかったし、わかろうともしなかった。だから、あえて死から目をそらすような位置に自分を置いた。寺の仕事で特に嫌だったことは遺体と対面しなければならない「通夜」にいくことだった。松本地方の葬儀は通夜に納棺を行う。冷たく硬直し死臭を発する遺体を布団から棺に移す納棺は、遺された者にとって故人の生前と死後のギャップを否応なく見せつけられ、悲しみや戸惑いがあふれる瞬間になる。それを見るのが嫌だった。だが本当は、ぼくは遺体を見るのが嫌だったのでも、遺族の悲しみに触れるのが嫌だったのでもないことが、しばらく経ってわかってきた。

通夜の場でぼくの居場所がどこにもないのだ。いくら坊さんとしてお経をよんでも、作法に則って納棺をしても、ありきたりの法話をしても、その行為が信仰に基づいた死者を見送る確固とした行為とは思えず、遺族にも受け入れられているという実感がない。ぼくは通夜メニューの添え物でしかなかった。もちろん、そんなことでは遺族の悲しみを緩和することも、苦しみを味わって旅立った死者の想いを引き受けることもできるはずがない。気がつけば、通夜という悲・痛・苦の場に居ながら、何もできない自分に対して強い自己嫌悪を引き起こしていた。

神宮寺（長野県松本市）

坊さんとしての自分自身が確かな信仰を保持していない、仏教を信じていないということがわかったのだ。それまで、仏教によって自分自身が救われたこともないし、救われようと思ったこともなかった。そんな中でぼくが坊さんの「ふり」をしてその場にいること自体が茶番だった。

やがて、通夜にいく前には頭が痛くなり、下痢をするようになった。自分が欺瞞に塗り固められた坊さんであることに対して、心身が嫌悪を示し始めたのだ。仏教系大学を出て、専門道場での修行を終えた後神宮寺に入り、副住職に就任しておよそ三年。そのような毎日をぼくは、どうにもならないいらだちを感じながら、流れに任せ怠惰に過ごしていた。

当時のぼくは「寺に生まれたから世襲しただけのこと」「自分で望んで坊さんになったわけではない」と開き直り、外側だけ坊さんの格好をして死後の儀式を勤め、お布施をいただいていたのである。死に逝く人は老・病・死にまとわりつく「苦」に晒される。遺族もまた葬儀前後には大きな苦しみを引き受けなければならない。でも、そんなことは坊さんがかかわることではない、と割り切っていた。そして、この地方で決められている葬儀の流れを守り、意味もわからないまま、お経を一字一句間違えずに読むことしか考えていなかった。

あいつ、いままでで一番きれいでした

映画に戻ろう。「おめェら、す（死）んだ人間で食ってんだろう」と言われた後（映画の中では六分間）、納棺師は若くして死んだ女性を死装束に着替えさせ死化粧を行いながら、悲しみの中にある夫や娘の心の中に、折々の場面で入り込んでいく。

その納棺師の行為について、ナレーションはこう語る。「冷静であり、正確であり、そして何よりもやさしい愛情に満ちている。別れの場に立ち会って故人を送る、静謐《せいひつ》で、すべての行いがとても美しい」と。

この映画の核心はここにある。そしてその行為を見た喪主や遺族が、「死んだ人間で食っている」納棺師への意識を大きく変えていったのだ。

納棺を終えて玄関を出た納棺師を追って来た喪主は、「さっきはすみませんでした。あいつ、いままでで一番きれいでした」と頭を下げて詫びるのである。大切な人の死の現実に直面した遺族には、「死んだ人間で食っている」者たちに納棺のすべてを任せなければならないという意識があった。死者と納棺師の間、つまり生前の関係がない両者の間に愛情に満ちた行為など生まれるはずもない、そのような職種の人に取り仕切られねばならないという一種の無念やあきらめを持って臨んだ納棺だった。しかし、納棺師は見送る人々の景色を変えた。

「死んだ人間で食っている」坊さんであるぼく自身にも、そのような意識でぼくを見る遺族の目を感じることが頻繁にあった。そのまなざしに当初、深く傷つき、打ちのめされた。だから自暴自棄になり、怠惰になった。責任を他に押し付け、死を真正面から見ようとしなかった。だが、そこを踏み越える大きな出来事が起こったのである。

そのような生活を続け、死の現場にありながら死やそれに伴う悲・痛・苦から目を背ける生き方をしていたぼくを、一つの出来事が劇的に変えたのだ。それはぼくが本当の坊さんになるための発心をいただいたといってもいい出来事だったのである。

発心の物語　慟哭

西部ニューギニアの北西に浮かぶ小さな島、ビアク島。一九七八年八月（戦後三三年目）、ぼくは遺骨収集と慰霊のため、この島のジャングルの地下にある巨大な自然壕(洞窟)に入った。怠惰な坊さん生活を送っていたぼくを見かねた山田無文老師（当時・妙心寺派管長）が、戦没者の慰霊行に誘ってくださったのだ。しかし、無文老師の親心も知らず、ぼくは単なる海外旅行のつもりで安易に参加を決めた。

太平洋戦争末期、ビアク島では一万人以上の日本兵が玉砕している。中でもぼくが最初に入ったモクメル洞窟では、およそ一〇〇〇人が火炎放射器と銃撃で死んだとされる。妖気に満ちた真っ暗な洞窟の泥水の中には、壮絶な死を遂げた兵士の遺骨が散乱していた。

結婚して三ヶ月、一枚の令状で召集されて出征した夫を見送り、その後一度も会うことなく、戦死公報によってこの洞窟で戦死したと伝えられた妻K子さんが慰霊行に参加していた。その時、彼女は夫が死んだ場所に初めて立った。三三年前、この場所に、出征した夫がいたのだ。そしてすさまじい戦闘により弾丸を受け、火炎放射器の炎を浴び、死んでいった。それから戦後三三年間、夫は誰の手にも触れられることなく、遺骨となって眠り続けた。その場に立ったK子さんにとって残酷な、極限の悲しみに満ちた再会となった。

遺骨の前でお経をよむぼくの後ろから、K子さんの泣き声が聞こえてきた。それは徐々に大きくなり号泣に変わった。「おとーさーん！」K子さんは夫の名を呼び、泥水の中に身を投じ、狂ったように転げまわった。K子さんのいのちのすべてを振り絞るような絶叫が洞窟内に響き渡った。その瞬間、ぼくのお経は止まった。彼女の絶叫の向こうに三三年前の光景《イメージ》が広がったからだ。

圧倒的に優勢な米軍から浴びせられる銃弾や火炎放射器の劫火から逃げまどいながら、最期が訪れたことを覚悟する兵士たちがそこにいた。祖国から五〇〇〇キロ以上も離れた南海の孤島で、戦争といういのちのやりとりの中で、最期を迎えねばならなかった兵士たちの姿が見えた。つらかったろう、苦しかったろう、そして、妻や子に会いたい想いはどれほど強かっただろう……。K子さんの号泣により、兵士たちの死に向かうリアリティがぼくの中に一挙に湧きあがった。涙がとめどなく流れ、お経は嗚咽に変わり、止まった。

その時、慰霊法要の導師を勤めておられた無文老師が鬼の形相でぼくを睨みつけ、叱責の大声を飛ばした。「何やっとるんじゃ！」「しっかり（お経を）よまんかァ！」

モクメル洞窟での慰霊。中央が山田無文老師

それまで人の死に何度も立ち会い、納棺、通夜、葬儀とお経をよんではきた。だが遺族の深い悲しみや苦しみに踏み込むことはできなかった。いや、あえて踏み込まなかったと言った方がいい。しかし、K子さんの慟哭《どうこく》と無文老師の一喝は、そんなぼくの全身を大きく揺さぶった。そして、これまでの自分の生き方に対する強烈な悔恨と懺悔《ざんげ》、そして羞恥が一挙に襲ってきた。坊さんとしての自分は、いままで何のために、誰のためにお経をよんでいたのだろうか、と。

ビアク島の兵士の遺骨に触れ、K子さんの号泣を聞くまで、ぼくは死の淵に立とうともせず、人々の苦しみを視ようともせず、死に伴って生じる面倒なかかわりを「葬儀」という場だけに限定し、もっともらしくお経をよみ、引導を渡す(葬儀の際に法語を唱えて死者を導くこと)という生き方をしていた。それでいいと思っていた。世の中にあふれる死は膨大なものであり、そこから多くの苦しみが派生するにもかかわらず、ぼくは死へのかかわりの道を自ら閉ざして生きていた。青木新門さんが言うように、死の本質から目をそらし、すべての死から意識して逃げていたのだ。「坊さんのふり」をしていただけだった。

しかし、この暗い洞窟の中で、苦しみもがき、家族や愛する人たちのことを想い嘆きながら、誰からの支援もなく死んでいくしかなかった兵士たちの遺骨に触れた時、もはや逃げられない自分を強く意識した。K子さんの号泣や無文老師の一喝は、自分がいままで坊さんとしてやるべきことをやってこなかったことへの強烈な責め苦として全身を貫いた。

それらは坊さんとしてのぼくの生き方を劇的に変えた。いままでOFFになっていた、人々の悲しみや痛み、苦しみに繋がるスイッチが一挙にONになったような気がした。

四苦抜苦　仏教の一丁目一番地

仏教には「四門出遊」という逸話がある。釈尊がインド・釈迦族の王子だった頃、王城の東西南北にある四つの門から郊外に出かけ、門外で老人、病人、死者、修行者たちに出会ったという逸話だ。そこで釈尊は初めて世の中にあふれる生・老・病・死にからみつく苦しみ（＝四苦）をまのあたりにすることになるのである。釈尊が見た「四苦」とは、明日への希望を持てず生きる意味を失う「生苦」、強い喪失感や不自由に苛《さいな》まれる「老苦」、厳しい痛みに耐えねばならない「病苦」、そして、それらの先にある死をつねに意識して生きねばならない「死苦」のことを言う。

この逸話は、釈尊の「四苦」への気づき、そしてそうした苦しみを緩和し解消する（＝抜苦）という使命を釈尊が自らに課すために出家した、という仏教の原点を物語っている。それが仏教の「教え」の発端となり、そこから膨大な教義に基づく修行や、生きる意味を思考し追い求める哲学が生まれ、展開した。そして、その起点にある「四苦」の中でも特に厄介な「死苦」の存在を認めたうえで、「死苦」を解決する方途と実践が一体となって、仏教は人々の生活の中で機能してきた。人間の一生は「苦」の中にある。だからこそ人々は仏教の教えを頼り、教えを伝える坊さんたちを信頼し、信仰を深めたのだ。

現代社会において「死苦」は多方面に浸潤し、深度を増している。生きづらさ、超高齢社会、さまざまな病などが帰着するところに「死苦」はある。さらに生命科学の長足の進歩により、誕生や死にかかわる「いのちの定義」の書き換えも起こっている。そんな中でぼくたちは一人ひとり、「個としてのいのち」を持ちながら、日々顕在化する、あるいは潜在化している「死苦」を遠く、あるいは近くに視ながら生きている。

Ｋ子さんの夫は確実に訪れる死を視ながら、それでも故郷の愛する妻や子を思い、Ｋ子さんは戦地の夫の無事を祈りながら、夫が出征した時お腹の中にいた子どもを育てて生きなければならなかった。この二人を覆った「苦」はすさまじいものだったに違いない。それをぼくはＫ子さんの号泣が洞窟内に響くまでまったく知らなかった。Ｋ子さんの号泣は「四苦」の現場がこの社会には限りなくあることを気づかせてくれた。これがぼくにとっての四門出遊だったと言えるのかもしれない。

「四苦」の中でも「死苦」はことさら厄介だ。その「死苦」にかかわることがおまえの使命だ。「死苦」の現場に身体をねじ込み、そして「死の実相」を注意深く見よ。そうすればおまえは死を迎えようとしている人々や、死者の傍らに坊さんとして立てる。そうすれば欺瞞も粉飾も世間体もタテマエも必要なく、死者や遺族に真正面からかかわることができる。そうすれば自信を持って死者を見送ることもできる。「ふり」を捨てろ！……ビアク島の洞窟で、「死苦」の極みの中で死んでいった兵士たちはぼくにそう語りかけているかのようだった。

兵士たちの死が、ぼくを目覚めさせてくれた。同時にぼくがいままで視ていた死の風景はガラリと変わった。経典が言おうとしていたこと、戒律や修行が導こうとしている先が、おぼろげながらに見えてきたのだ。

仏教の一丁目一番地は「苦」を「抜く」ところにあり、仏教の教えには「四苦抜苦」を成就するための実践への道が示されていることに気づいたのだ。だから、「四苦」から目をそらさず、「抜苦」を実践することによって仏教はわかってくる、と思った。アタマの中でこねくり回した信仰や理論なら誰でも語れる。釈尊や祖師方（仏教で一つの宗派を開いた人のこと）が示された言葉を繰り返すことなら誰でもできる。だが、「四苦」との実践的な闘いの中から生まれ出た言葉は、現場を踏まないと聴くことはできない。苦の現場と「四苦」との闘いの中から「ぼくの仏教」は見えてくるはずだ。そこから「抜苦」への道筋が開けてくるかもしれない。まずは「苦」の現場に立とうと思った。

そして、踏み込んだ現場でぼくは膨大な「苦」に出合った。そこは「抜苦」どころではなく挫折感と悔恨が待ち構える壮絶な場所だった。

四苦抜苦が変えたもの

四苦を抜苦することは困難な仕事だ。ぼくはあえてそれに踏み込んできたが、スムーズに完璧に抜苦できた場合は少ない。現場に深く入り込めば入り込むほど目の前の課題は深刻さを増す。ぼく一人で抜苦にかかわることは困難であり危険だと感じた。それを回避するために長い年月をかけて異分野や地域の人々とネットワークをつむいできた。

次頁の図はぼくが神宮寺在職中の四二年間でやってきた生・老・病・死にからみつく「苦」への全方位的対応を図式化したものだ。対応とは主に「ケア」のことを言い、四苦の各カテゴリーにある項目に丁寧に対応し、関連する機関とのネットワークをつむいでいけば、地域にお

四苦への対応　神宮寺で稼働してきた包括型ケアシステム

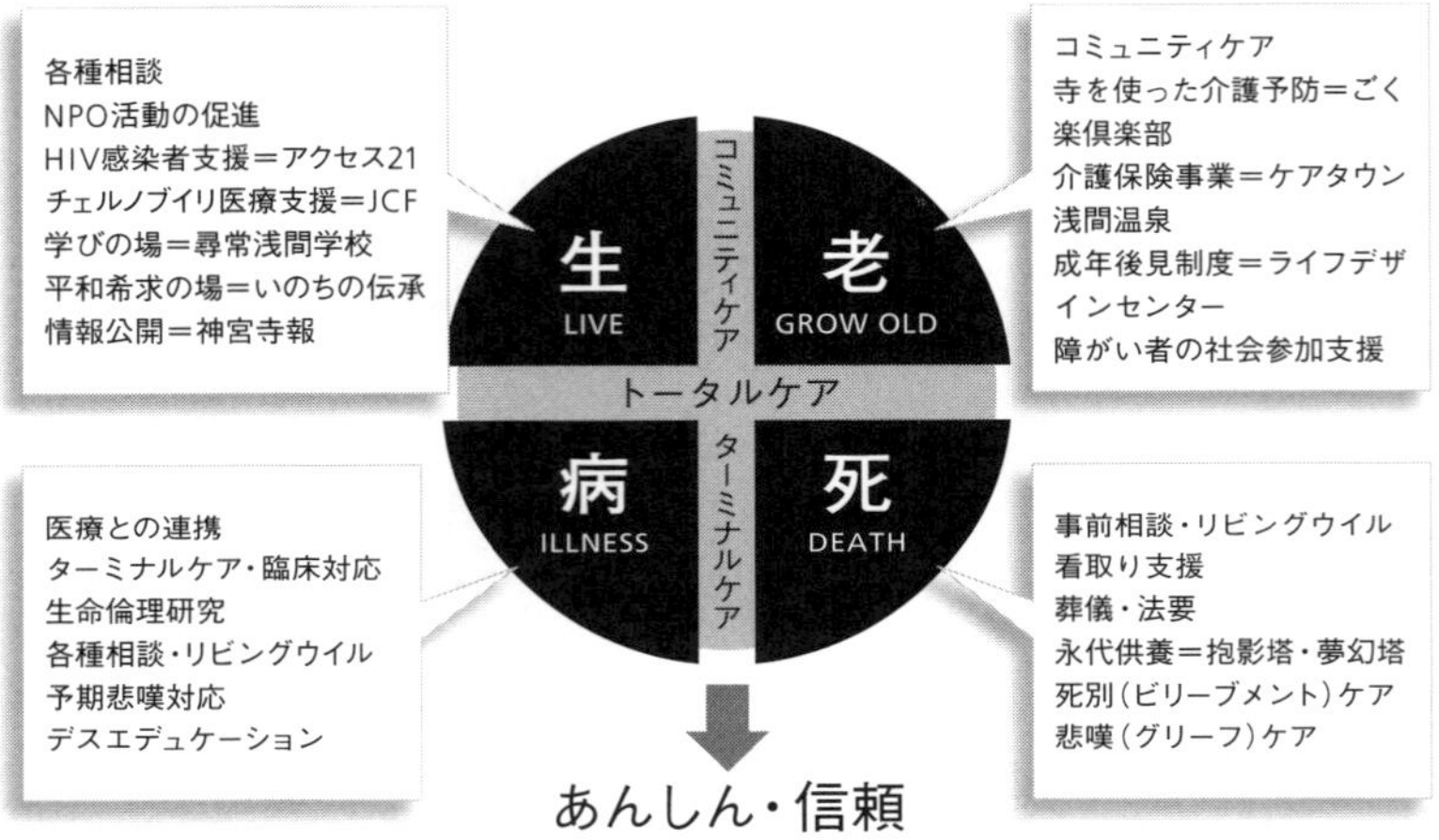

ける各種のケアが一つの寺だけで動いていくということを実証する図になっている。

近年、地域包括ケアという言葉が一般化してきた。地域における、特にケアに関する問題をワンストップで解決するシステムである。厚生労働省は団塊世代（およそ八〇〇万人）が七五歳以上になる二〇二五年に備え、医療＋介護＋予防＋生活支援が一体化した地域包括ケアシステムを動かす体制を進めている。すでに二〇〇五年には、高齢者が施設ではなく在宅（地域）で住めるようなシステムを提唱し、その延長線上には在宅での「看取り」も含まれている。

地域包括ケアシステムは、移動時間が概ね三〇分の範囲内で、一万人ほどの中学校区（全国に約一万校区）規模を対象とする地域ごとにケアの網の目を張り巡らすというシステムだ。地域包括支援センターが中心となって各種関連団体やボランティアなどがネットワークを築き、ケアを進める。ここでいう中学校区という規模は、地域の寺がカバーしている檀信徒のエリアと重複する。寺はもともと小学校区(全国に約二万校区)~中学校区に散在する檀家を持っている場合が多いからである。

文化庁の『宗教年鑑』(二〇一七年度)によると全国の寺院数は約七万七〇〇〇ヶ寺、坊さんの数はおよそ三四万人。つまり小学校区に寺は平均三・二ヶ寺あることになり、同じ小学校区に坊さんは約一七人いることになる。ということは、一つの寺が、坊さん一人ひとりが、地域ケアの意識を持ち、異分野・専門分野と連携して地域にかかわろうとすれば包括的なケアシステムの大きなサポートになるはずだ。いや、サポートだけでなく主体的に包括ケアが運営できれば、地域における寺の存在感と有用感が一気に増す。しかし、これには時間と手間がかかる。そしてそれは寺の仕事ではない、行政やケア関連の職種がやればいいと思い込んでいる坊さんたちの概念が大きく邪魔をする。それらを乗り越えた時、寺がかかわる地域包括ケアは可能になり、地域に大きな効用を生む。

ビアク島以降、ぼくは神宮寺を拠点に「四苦」を「抜苦(ケア)」することを坊さんとしての仕事の中心に置いた。そして地域の人々と試行錯誤を繰り返しながら動いてきた。それらが、神宮寺型地域包括ケアシステムとして稼働したのである。

最強のコラボ　医者と坊主

地域包括ケアシステムの情報は盟友である鎌田實（長野県茅野市・諏訪中央病院名誉院長）さんからもたらされた。医療がケアシステムにかかわることは当然のことで、地域医療のパイオニアである諏訪中央病院が得意とする分野だ。それをぼくはつねに最新の情報として受け取り、神宮寺なりの、寺が実践できる包括的ケアシステムに転化して動かしたわけである。

ビアク島での出来事により、ぼくの意識は完全に入れ替わった。それによって、進むべきいのちや死にかかわる道が見え始め、最終的には寺としての地域包括ケアシステムに行き着いた。そして、その端緒、四苦にアクセスする手掛かりを探る段階で鎌田さんとの運命的な出会いがあったのである。いまから四〇年ほど前になる。

鎌田さんとは出会ってすぐに相通じるものを感じた。ぼくたちに共通する意思は「（いのちを）支える」「（死を）支える」ということであり、当時の共通の認識は「（病院や寺は）死にかけている」だった。

知り合ったばかりの頃、鎌田さんがぼくに「医療は、病院という封建的組織の中で窒息し、死にかけている」と言ったのをよく覚えている。鎌田さんはこう続けた。

「ぼくたち諏訪中央病院は、『長生きのオリンピック』に夢中になって延命治療を続ける医療よりも、『生きていてよかったと思える安心のできる地域』作りを目指してきた。本来、医療はやさしさに満ちていなければならないのに、いまの日本の病院は、やさしさから遠く離れた存在になっていないだろうか。二〇世紀に入って、人類はいくつもの病気を克服してきた。でも、わずかな進歩とともに、大切なやさしさをずいぶん失ってきたように思う。たとえば末期がんに苦しむ患者さんに、いまの医療は十分にやさしいのだろうか」と。

それから鎌田さんは「ぼくは大都会にあるホスピスではなく、田舎の小さな街に日本で最小のホスピスを造りたい。そこを地域の人々が普段着で利用できる緩和ケア病棟にして、痛みや苦しみから解放されて最期の大切な時間を友人や家族と過ごし、『グッバイ。満足だったよ、ありがとう』とお別れができるような医療空間にしたい」と語った。

出会った頃の鎌田實さん（左）と著者（右）

それに対してぼくは「医療が窒息状態にあるように、寺もまた地域の中での機能を失っている。そして坊さんも瀕死の状態だ」と返した。「かつての寺は、宗教行事を基盤にして、地域の中心として輝いていた。寺は行政や医療の機能を持っていたし、文化の発信基地として重要視されていた。地域の人々の悩みの相談所として、深く人間関係をつなぎあわせる場所でもあった。だが、いまや寺はそれらの機能を忘れて久しい。いまこそ、仏教という機能不全となった分野から異分野との結びつきを模索し、活性化させたいと思っている」と。

この時ぼくは、鎌田さんのような医療分野と協働して、ターミナルケア（終末期ケア）、グリーフワーク（愛する人を失った遺族の悲しみのケア）、デスエデュケーション（死の準備教育）などに取り組めないかと考え始めていた。それが「異分野との結びつきを模索したい」と言ったことの意味だった。医療・福祉・教育・文化など、かつて寺が得意としていた異分野との地域連携を、閉塞した現代社会・寺社会に風穴をあける武器にできないかと思っていたのだ。

鎌田さんとぼくは同時期に、「いのちを支えられない医療」と「死を支えられない仏教」に深い疑問を感じていたのだった。そして、鎌田さんの諏訪中央病院と、ぼくの寺・神宮寺がその疑問への答えを出すために動き始めた。その後、鎌田さんは副院長から院長（現在は名誉院長）になり、「病気と闘う場や死ぬ場を、患者自身が選択できる地域にしたい」と宣言して、患者に寄り添った多様で多彩な医療メニューを作り出した。諏訪中央病院は老人保健施設、特別養護老人ホーム、東洋医学センター、在宅介護支援センター、そして一九九八年には六床の緩和ケア病棟を造り、地域格差なく誰もが均等に医療を受けられる地域医療システムを作り上げていった。

一方、ぼくは、四〇年ほど前から入り込んでいた福祉の分野で、障がい者の共同作業所の設立にかかわり、国際障がい者元年である一九八一年に国連決議された「障がい者の十年」のためのプログラム作りに携わった。それを皮切りに、当時まだそれほど知られていなかった「ＮＰＯ（非営利組織）」の認知と「ＮＰＯ法（特定非営利活動促進法）」の法制化を推進する活動に参加し、法施行の同年の一九九八年に「長野県NPOセンター（長野県下のNPOのネットワーク連携を目指す中間支援組織）」を立ち上げ、その後一一年間代表を務めた。また、二〇〇〇年の公的介護保険と成年後見制度（高齢や精神障がいなどで判断力が衰えた際に、その人の意思を尊重した生活のマネジメントを行う後見人の制度）の制定・施行を受けて、二〇〇一年にNPO法人「ライフデザインセンター」を創設した。さらにその翌年、二〇〇二年には、ぼくが住む長野県松本市の浅間温泉で廃業を決めた旅館を借り受けて、「ケアタウン浅間温泉」という温泉つきの介護サービスも始めた。そこでは現在、通所介護、訪問介護、居宅介護支援、配食サービスの事業が行われている。

老舗温泉旅館を改装してできた
「ケアタウン浅間温泉」の御殿の湯

病院と寺は異なるジャンルにあると大概の人々は考えている。病院は科学的実証を基本とし、合理的・現実的な治療やケアを行う場所。一方寺は、信仰をもとに、精神、心などにかかわり、実証性に基づかない論理・行動が許される領域である。そのように、身体と心を、医療的な治療（キュア）と精神的なケアに分けてしまったら、医療と仏教のコラボレーションは難しい。だが、ぼくたち二人が抱えていた問題意識は、こうした専門分化によってこそ、病院は「長生きのオリンピック」のためのいたずらな延命治療の施設と化し、寺は死後の儀式にのみかかわる「死のセレモニー屋」と化し、そこから「いのちを支える」「死を支える」という大切なものが抜け落ちてしまったのではないか、というものだったのである。

ぼくたちは生・老・病・死にからみつく「苦」を見つめ、その苦しみをなんとか緩和する手立てはないか、ということを探っていたのだ。巨大なヒエラルキーと怠惰な意識の中に埋没し、死にかけていた病院と寺をなんとかして蘇らせようとしたのだ。鎌田さんとぼくはそのためにそれぞれの持ち場で協働するようになった。

鎌田さんのバックアップがあったために、ぼくは医療関係者にコンプレックスを持たず、またことさら自分は宗教者であると格好をつけることもなく、必要な場面で病院にサラリと入り込み、必要とされる仕事を行うことができた。その中で鎌田さんや関連する医療者からもたらされる情報は膨大で貴重なものだった。

諏訪中央病院ではぼくの父をはじめ、多くの患者さんの看取りに立ち会った。一九九一年一月、チェルノブイリの子どもたちを支援する「日本チェルノブイリ連帯基金（ＪＣＦ）」を立ち上げ、チェルノブイリ原発四号炉の爆発事故による風下汚染地域に入り込み、六年間で三六回現地を往復して医療支援を行った時も、二〇一一年三月、東京電力福島第一原子力発電所近隣の被災地・南相馬に入っての支援を開始した時も鎌田さんと一緒だった。ぼくたちの「いのちを支える」「死を支える」という想いがお互いに触れあっていたからこそ、医療と宗教の異分野にある二人が一緒に仕事ができたのだと思う。

禅僧の死

「おじいちゃんがおかしい！」という母の声で、ぼくは仮眠のベッドから飛び降り、枕元に急いだ。父は「フー」と少し長い息を吐いた後、呼吸を止めた。同時に頸動脈が心臓の最後の鼓動を伝えるかのようにわずかに動き静かに停止した。

前晩まで荒い呼吸を繰り返していた父の周辺が凍りついたような静寂に包まれた。いのちが死線を越えた瞬間だった。一九九四年一月三一日。その冬一番の寒さとなった雪晴れの早朝、一条の光が部屋に差し込み、眠るように穏やかな父の死に顔を照らした。

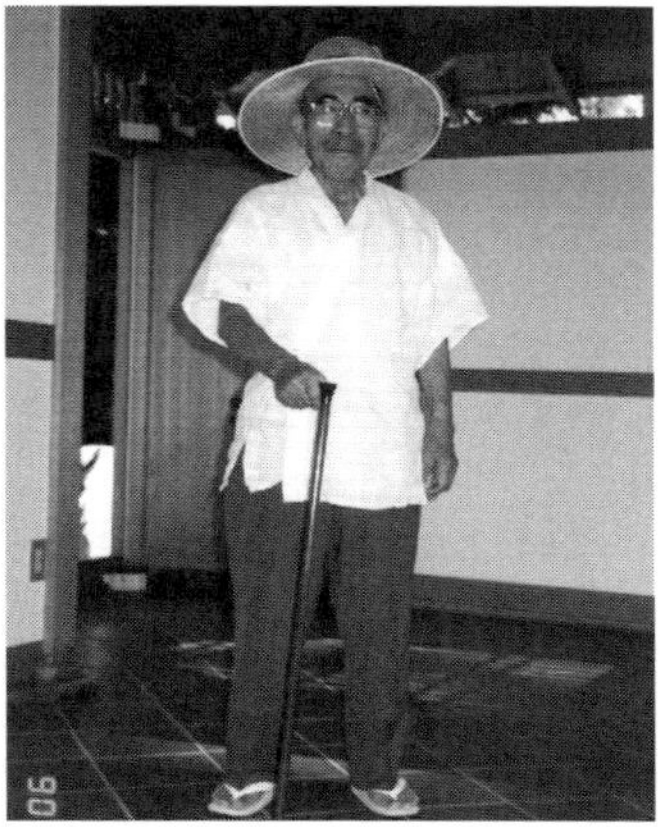
父・勇音和尚

父は典型的な禅僧だった。明治四四（一九一一）年、松本の花街で車引きをしていた親のもとで九人兄弟の下から二番目として生まれた。実父の突然の死（享年四三歳）によって三歳で母の許を離れ神宮寺に小僧として預けられた。何人もの弟子たちと一緒の小僧生活は、幼少の父にとって過酷なものだったろうと想像できる。中学を終えて京都に出、宗門系の大学を卒業した後、紫野大徳寺の専門道場で一〇年余の厳しい禅修行をしている。禅の祖録や漢詩にも精通し、その基礎となる中国語も独学で勉強し、堪能だった。戦前、教誨師《きょうかい》として中国に渡った先輩を頼り中国・杭州へ行き、そこで日本語学校の教師をしていた母と知り合い結婚。戦後松本に引き上げ、一九四八年、神宮寺の住職となった。

父はいつも颯爽《さっそう》としていた。善悪をはっきり言い、日常を修行と位置づけ禅の根本を語った。そして、一人っ子のぼくを子どもと見ずに弟子として育てた。禅宗における師弟関係は厳しく、父と話す時ぼくは敬語を使った。中学や高校の同級生が遊びに来て二人の会話を聞いた時「おまえは本当にこの家の子か？」と言われた覚えがある。

一九八九年一月、七八歳の父は前立腺がんを告知された。諏訪中央病院・鎌田實院長（当時）からの告知だった。身体のデータがすべてそろった時、本人、鎌田院長、そしてぼくと母が立ち合ったうえで説明・検討が行われた。病名は前立腺（未分化）がん、顔つきの悪いがんであることから転移の可能性があり、転移するとすれば骨、大腸などが考えられると鎌田さんは何も隠さず、穏やかに父に語りかけた。そして、この現実に対する治療法と父の治療・療養プランが話し合われた。

「がん」という単語が頻繁に飛び交う中で、全員がきわめて冷静に治療についての検討を行っていることをぼくは不思議に感じた。その理由は、父のがんは余命一、二ヶ月というような致命的な進行がんではないこと。また病気を背負い込んだ本人が、禅坊主として日頃坐禅による「生死一如《しょうじいちにょ》＝生死を超越した意識」を語り実践し続けてきていたこと。そして父が自分に与えられたいのちを精一杯生きているという自信を周囲が感じとっていたからだ。つまり本人が死を受容できていると考えていたのである。そして主治医・鎌田實さんに全員が全幅の信頼を置いていることにあった。

治療・療養方針によって父はその時に応じた治療を受けた。しかし前立腺に巣食ったがんは、徐々に全身を浸潤していった。

さまざまな痛み

一九九四年一月七日、母とぼくが座敷で話をしていた時だった。隣の父の寝室で音がする。境のふすまを開けたぼくは、杖をつき、尿バッグを手に持ち、血の気の失せたまるで亡霊のような父が立っているのを見た。「寝ても、座っても、立っていても痛い」と顔をしかめて言う父に、ぼくは「とうとうこの時が来た」と感じ、鎌田院長に電話をした。彼方にあってほしいと願っていた父の死がその時、現実味を帯びてぼくたち家族の前に現れてしまったのだ。

その日、諏訪中央病院の分院、リバーサイドホスピタルに運ばれた父は、痛みをこらえるためほとんど目を開けることがなかった。しかし、担当の楊先生は「硬膜外神経ブロック」による痛みの緩和治療を行うとともに、先生が得意とする東洋医学の治療法である鍼《はり》を打った。それらの総合的なペインコントロールにより、父は久しぶりに痛みから解放され静かな夜を迎えた。痛みが治まったのは、治療が始まってから六時間後のことであった。

人間を襲う痛みにはいろんな種類があると言われている。直接身体に感じるのは「肉体的痛み」、そして「精神的あるいは感情的痛み」「社会的痛み」「霊的あるいは宗教的痛み（スピリチュアルペイン）」といったさまざまな「痛み」が人間を支配する、とターミナルケアの座学でぼくは教えられてきた。肉体的な痛みは、現在の医学ではかなりの部分まで緩和できる。また精神的な痛みや社会的な痛みの緩和は、家族や地域社会、医療従事者やソーシャルワーカーなどがある程度まで取り去ることが可能だ。そして最後の宗教的な痛みに関しては、臨死の状態や死後の問題に感じる不安や恐怖を、宗教者が十分に悩みを聴き取りながら的確にアドバイスすることで緩和できると学んできた。

ぼくは当初、ターミナルステージにある人たちに、この四つの痛みが独立的に襲ってくるのだろうと想像していた。しかしこれは大きな間違いであることをたった一日で学んだ。父の場合、その日もっとも苦しく辛い痛みは「肉体的痛み」だった。この痛みを感じながら、家族から離れての入院の不安や、身体の痛みにより精神的にも極限の状態に置かれた数日の記憶などが相互に入り混じり、巨大な塊となった痛みが全身を覆っていたのである。夜九時、肉体的な痛みをやり過ごした時点で父は落ち着きを取り戻していた。肉体的な痛みが中心にあり、それが激しさを増すことによって、周りにあるさまざまな痛みが付随して現れるといったありさまが、ぼくには明らかに見えたのだった。

遺偈　オレは死ぬぞ

禅僧はいのちの終わりを迎える時、一篇の漢詩を残すのが通例とされている。これを遺偈（「いげ」または「ゆいげ」）という。作詩、作偈《さくげ》は禅坊主の素養として重要視されているが、ぼくを含めて現代の坊さんたちには、これがなかなか学びとれず、戒名や引導法語の一つを作るのにも苦労している。

詩偈に関しては坊さんたちの指導的立場にあった父が、ここ数年最期の一篇をどうよむかをずいぶんと考えていた。またどうよむかだけでなく、いつよむかということも重要な問題として考えていたようだ。断続的な痛みと、それを抑える薬、痛みに耐える肉体と精神状態の複雑なかけひきの中で、父はついにその時が来たと判断した。入院五日目のことだった。遺偈をしたためるということは、本人が死を受容したととらえることができる。よほどの覚悟と、近い将来の死への予測が成り立たなければ、遺偈など書くことはできないはずだ。ぼくは父がこの日、はっきりと死線を越えなければならない現実を意識したように感じた。

父は母に鉛筆と紙を持ってくるように命じ、仰向けのままで遺偈の七言絶句（中国詩の詩体の一つ）を書き始めた。七言絶句は起・承・転・結の四句から成り立ち、それぞれに約束された平仄《ひょうそく》を持つ。このことは本人が作偈の規則として、やかましく若い人たちに指導していたことでもある。しかしその父をしても、この場では作偈の約束を守ることができなかった。身近に迫った死は平仄をも狂わしてしまった。起句、承句までは順調にいった。しかし転句から先が出ないのだ。転句は文字を選ぶところまではいっているようで、何度も口の中でつぶやきながら推敲《すいこう》を加えているが、句にはなってこない。その日はとうとう結句まで行き着かなかった。

到来蠟月《ろうげつ》三十日　(到来す臘月三十日)
笑耐八十三年夢　(笑うに耐えたり八三年の夢)
花看水渉……　(花を看、水を渉る……)

ここまでだった。この様子を見た誰もが「結句を出すのはまだ早い」と言った。だが、ぼくには本人がもう死線を越える準備を本格化していることがよくわかっていた。「蠟月三十日」とは人生最後の日のことである。本人がその日が到来したと言い切っているのだ。「転句、結句ができようができまいが、そんなことは関係ない。オレは覚悟したぞ」という声が聞こえるような未完成の遺偈だった。

打ったら死ぬよ！

緩和ケアを受けてはいても、痛みとだるさは去らなかった。

担当の楊先生から痛みを取り去る麻酔を脊髄に入れるという提案があった時、ぼくは迷った。先生は「痛みは完全になくなるけれど、長くても一〇日間くらいしかもたないでしょう」と付け加えられた。父は痛みに耐えきれず、真夜中でも目を覚まし、仮眠している家族を呼び起こして、足や腰をマッサージしてくれと言う。マッサージだけで痛みが緩和するとは思えないが、肉親の手のぬくもりが身体に触れているというだけで、どこか安心感を得られるものなのだ。しかし、痛みを持つのはあくまで父本人であって、人の痛みのレベルは他人では計れない。ぼくは先生の話を正直に父に伝えた。「痛みは完全になくなる。だけど寿命が短くなるかもしれない」と。父はぼくの話を平然と聞き流した。そして何の気負いもなく「やってもらってくれ」と言った。

「(麻酔を)打ったら死ぬよ」とぼくは言ったのだ。でも痛みの辛さの解消か、いのちの延伸かという選択の中で、父は痛みの解消を選んだ。つまり死を選んだのだ。そして明確な言葉でそのことをぼくに伝えた。

脊髄に麻酔薬が注入される間、ベッドの縁に足をだらりとおろした父の身体を、ぼくは自分の胸で受けとめていた。同じ姿勢が長時間続き、父の痛みと苦しみがぼくの身体に直接伝わってきていた。ぼくの胸に顔をうずめ、顔をしかめ、細く骨が浮き立つ裸の肩を震わせながら「痛い」と小さく何度も呻くのである。

親子関係より師弟関係が絶対という環境の中で、ぼくにとって父は同じ地平に立てない謹厳な師だった。その父が、いますべてをぼくに託している。ぼくの胸の中でなすがままになっている。人間に与えられたいのちの摂理と、その有無を言わせぬ冷酷さが目の前に展開した。悲しみが吹き抜けた。

この場を果たして仏教はどうとらえるのだろうか。この親子の姿を見ている坊さんがいたらどういった言葉を投げかけるのだろうか。いままで学んだ仏教やターミナルケアの知識は、当事者としてもっとも近い存在の死に出合ったぼくの中で簡単に崩れ去った。

この日までぼくは、坊さんとして病院に入り込み、いのちの最期を迎えようとしている患者さんたちに仏教の教えを説き、安心《あんじん》を与える宗教的なケアに憧れていた。それが坊さんの最も坊さんらしい役目だと思っていた。だが、父の姿は、そんなことはできるはずがない、そんなものは通用しない、ということを教えてくれた。

父が入院するまで、ターミナルケアこそが閉塞された仏教界に風穴を開ける切り札かもしれないと思っていただけに、この現実への直面は大きなショックだった。父のいのちの終末に、仏教は何の役にも立たなかった。寺に住まい、仏教を生活基盤としているぼくにさえ、肉親のいのちの終末は、死の重量感を伴ってこういった想いにさせてしまうものだった。

すべてにアセリ感じる

脊髄への麻酔薬の注入によって痛みが鎮まってくるにしたがい、父は饒舌になり、周りの人を気遣い、楽しませてくれた。

便秘が続き、とうとう浣腸しなければならなくなった。ぼくはプライドの高い父が浣腸を許すとは思っていなかった。「浣腸した方がいいと思うんだけど……」と、おそるおそる尋ねるぼくに「オレは宗派の総務部長にはなったが、管長《かんちょう》になれなかったからな、ま、いいか」と一言。浣腸後、山のように出たウンチの処理をしてくれている看護師さんに「ごめんね、臭いだろう。これがホントの『糞ボウズ』って言うんだよ」と笑った。

入院三週間目に入り、意識が混沌とし始めた。薄れゆく意識の中で父は「家に帰りたい」と言った。「じゃ、帰ろうね」とぼくは応えた。この状態で家に帰るということは、家族は在宅での看取りを覚悟することになる。そのためにはさまざまな手続きや準備しなければいけないものがある。だが、それが父の本音であると思ったから、ぼくたち家族は家に連れて帰ることを決めた。

入院最後の夜、鎌田さんが奥さんと見舞いに来てくださった。鎌田さんはもう何もせず、ベッドの横に座り、手を握ってくれるだけだった。父は手を握られたまま、「どうもありがとうございました。もうどこも痛くありません」とはっきりと礼を述べ、別れ際には震える手を合わせ、鎌田さんを見つめていた。その顔は、いままで一度も見たことがないほど、やさしく穏やかで美しく、その光景にみな涙が止まらなかった。

家に着いた。ストレッチャーで運び込み可動式ベッドに移した。父は目を開け、天井や床の間を見回し「ああ、帰ってきたな」とはっきり言った。父が昏睡に入ったのは、その数秒後のことであった。一月二八日、静かな午後だった。
父は前年、こんな文章を書いている。

人は生まれ、育ち、衰え、そして死ぬ。このことは人間ばかりでなく、生きとし生けるものは皆この順序を踏んでいく。なのに人間だけが、死という事実を意識として考えるとともに、死を解決する智慧をもっている。そして死を解決した多くの人がいる。死ぬことをまるで「下駄をつっかけて隣の家へでも行くみたいな心境」で詩にうたった禅僧たちがいるのであるが、この詩を遺偈、または末期の一句という。お互い人間はいつか必ず死ぬ。地位も名誉も財産も妻子も置いて死ぬ。しかし、いつか必ずというそのいつかがわからない。

私など八一歳。死はほんの近くまで来ているというのに、いま現に生きているのだから、死ぬということなぞ考えなくていい。でも「さして遠くはないぞ」と自分に言い聞かせるとともに、死の準備を始めることにした。生死をこえた死にざま、果たして下駄をつっかけて隣へ行くみたいに逝けるかと自問自答するこのごろである。

父が死んだのは家に帰り、昏睡に入った三日後だった。禅坊主として「生死一如」を貫き、見事に死んでいった、と誰もが思った。しかしその数日後、ぼくは母から一枚のメモを見せられた。そこには確かに父の筆跡で、「一月七日現在」と表記された身体の不調に関する七項目が列記されていた。一月七日とは、亡霊のような姿で「寝ても、座っても、立っていても痛い」と言った日のことだ。

そのメモにはこう記されていた。

一、食欲がない
二、食べるものの味が一切ない
三、右わきばらが痛む
四、二、三日通じがない
五、肩、うで、掌がしびれる
六、歩行が困難で特にひざが痛む

ここまではその頃ずっと父が口にしていたことだ。しかし七番目の項目が目に入った時、あの苦しい闘病生活で痛みとの闘いをともにし、禅僧として「生死一如」を体現する姿や言葉に多くの場面で救われてきたぼくたち家族にとって、信じられない言葉が書かれていた。

そこには、

七、精神的不安定と云うか、万事にアセリ感じる

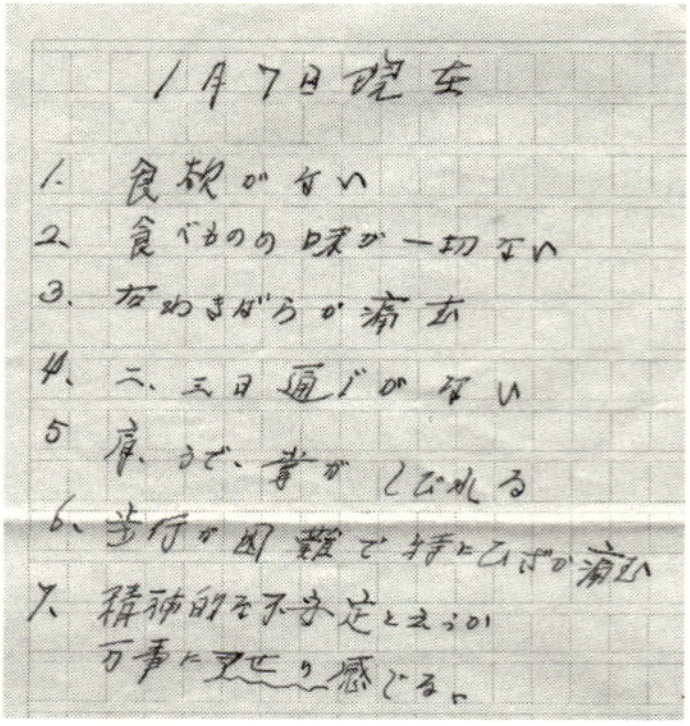
1月7日現在
1. 食欲がない
2. 食べものの味が一切ない
3. 右わきばらが痛む
4. 二、三日通じがない
5 肩、うで、背がしびれる
6. 歩行が困難で手とひざが痛む
7. 精神的な不安定と云うか
万事にアセリ感ずる。

勇音和尚のメモ

とあったのだ。しかもアセリという部分には波下線がはっきり引かれていたのである。

これには衝撃を受けた。禅坊主の典型のような父にとって、死は何でもないものだ、父の中で死は解決できていると、ぼくは思っていたからだ。前述のように父は「死ぬなんてのは、下駄をつっかけて隣の家に行くようなもんだ」とつねづね言っていた。でも、このように大きなアセリを生んでいたとは……。

父は禅坊主としてすんなり、鮮やかに死んでいきたかったのだろう。しかし、痛みや苦しみはその意図からあふれ出した。その結果が父の「精神的不安定」と「アセリ」を生んでいた。このメモは、死という究極の困難に、禅僧である父が耐えきれなったことのカミングアウトであると言える。

思い返してみれば、一月七日は父にとって生涯で一番苦しい日であったのかもしれない。激烈な痛みに耐え、迫り来る死と必死に闘い、禅僧という意識の固執による孤独感に苛まれていたのだろう。その苦しさは想像するに余りある。

万事に感じたアセリの原因は身体的な痛みだった。それが父の、死への序章であった。そして麻酔薬の注入を決断すると同時に、いのちの限りがはっきり見えた。その段階で父は遺偈を書こうとした。禅坊主が修行の中でシミュレートしてきた死をリアルな死として見据え、受容した瞬間だ。その後、父は死の淵で自分をさらけだし、まるで赤ん坊のように振る舞い、死線を越える本格的な準備に入った。そして、豊かなやさしい顔をぼくたちに見せ、たくさんの人々に鮮烈な印象を与えながら、静かに、穏やかに死線を越えていった。

万事にアセリを感じてからの三週間に、父は死を完全に自分のものとして受け入れたように感じた。そして父の生きざまを反映した死は、ぼくたちに大きな支えと癒やしを与えてくれることになったのである。最期の瞬間までぼくたち家族は、真正面から父の死に付き添うことができた。その充足感は死の悲しみを越えてぼくたちの悲嘆を軽減してくれた。

グリーフワーク（悲嘆の支え）は生きているものが言葉を使ってなす作業ではない。本当のグリーフワークは、まさに死に逝く者自身から教えられ、与えられる重要な学びであり、死に逝く者たちに生き残る者たちがどれだけ濃密にかかわれるかにかかっているものなのだ。

父の死は一見、理想的なもののように映る。だが、典型的な禅坊主だった父が痛みによる混乱を起こしたことがぼくは気にかかった。死に至る過程では予測できない出来事が起こる。そしてそれは誰にでも起こりうる。死の現場を踏めば踏むほど、そんな思いがぼくの中に広がり始めた。父はぼくに大きな宿題を残して旅立ったのだ。

坊主丸儲け

元手をかけずに金を儲けることを「坊主丸儲け」（広辞苑）という。丸儲けはいろんな業界でよくある話なのに、その頭に「坊主」と付く。よほど坊さんという仕事は元手がいらず楽にお金が稼げる仕事だと人々は思っているらしい。釈尊は「坊さんの大切な仕事は人々のこころを耕すことである」と示されたと聞く。こころを耕し、苦を持ついのちに寄り添い、人々を済《さい》度《ど》する（救う）ことを仕事として続けていれば、「坊主丸儲け」などという言葉が出てくるはずはない。そうでないから「坊主丸儲け」という不信感に満ちた言葉は登場する。衆生済度は表看板だけで、その裏では、どろどろとしたお金地獄に浸かっている現実を人々は憶測しているからだ。

「坊主丸儲け」の構造は、都合の悪いことの隠蔽にある。表看板をタテマエとして、それを守ろうとする心理が働くところから隠蔽は始まる。

長野県松本市郊外にある温泉街・浅間温泉。その山沿いにぼくが四二年間坊さんとして勤めた神宮寺がある。神宮寺では父・勇音和尚の代からさまざまな仕事を行ってきたが、ぼくの代になってからは、その幅が広がり、社会とのかかわりが大きくなった。その中で、隠蔽を取り去るために仕事を構想・企画する段階から実施に移すまで、その意味や目的について、準備すべきものや資金や人材などについても、必ず檀信徒（檀家と信徒を含めた総称のこと。以下では適宜「檀家」とも称する）に開示するようにした。そして開示のために寺報という媒体を使った。

一九六二年、勇音和尚は全国の寺に先駆けて寺からの通信である寺報『はなぞの』を全檀家に配布した。B5版四ページの仕立てで始まった寺報は、寺の行事案内や事業の概要などを告知する、当時としては画期的な広報誌となった。ぼくが帰山した直後、勇音和尚から編集を引き継ぎ、『はなぞの』という名前は変えず、仕立てを変え、徐々にページ数を増やしていき、住職に就任した一九九〇年には、A5判六〇ページの分厚い冊子としてリニューアルした。この冊子はその後『僧伽《さんが》』『唯々諾々《いいだくだく》』『未来への遊行帳《ゆぎょう》』と名前を変え、二〇一八年七月（夏号）まで続いた。特に『僧伽』の頃は季刊誌として四八～六〇頁のボリュームで年四回の発行を六年間続けた。

寺報の主たる内容は神宮寺の活動報告であった。神宮寺は何をやってきたか、これから何をしようとしているのか、その結果はどうなるのか、という寺の「情報公開」のツールとして寺報は最大限に使われた。もちろん仏教と社会の関係、神宮寺の社会活動など時事的な問題も取り上げ、神宮寺に関連するその道の達人たちに執筆をお願いし、檀信徒に配布した。また、神宮寺の活動に注目する全国の人々およそ一二〇〇名の定期購読者を持った。

ぼくは神宮寺で何か事業をやろうとする時、寺という事業体の利害関係者である檀家さんに対して、きちんとした情報公開をし、足元をしっかり見せていかねばならないと考えていた。その意味では寺報の充実は絶対欠くことはできなかった。それは「丸儲け」しない寺の在り方を徹底して追い求め、衆知したかったからである。

寺は「家業」なのか

一九八三年、神宮寺に税務署の査察が入った。国税（マルサ）から一名、松本税務署から一名の査察官で都合三日、神宮寺の帳簿類を調べ上げた。

当時の経理は母がやっていた。経理とはいっても家計簿をつける程度のもので、収入と支出を一冊の帳面に書き込んでいただけだった。その帳面に書き込まれていた収入のほとんどが、葬儀や法事、年中行事の施餓鬼《せがき》や大般若法要でのお布施であり、その他には墓地管理費や付け届けなどが含まれていた。一方、支出の科目には、葬儀の役僧料などとともに、髙橋家の生活のための日常支出が書き込まれていた。宗教法人である神宮寺の法人会計と髙橋家の会計が一冊の家計簿に同載されていたのである。

本来なら葬儀・法事でいただくお布施はすべて「信施《しんせ》収入＝宗教儀式などによるお布施収入」として宗教法人・神宮寺に入り、その宗教法人で働いている住職、寺庭（住職の妻）、副住職、スタッフは宗教法人から給料をいただく構造になっていなければならない。だが、母の時代にそんな認識はなかった。宗教法人・神宮寺と、寺を家業として働いている母の財布は一緒だったのだ。

税務署はそのことを指摘した。もちろん神宮寺に会計顧問（責任役員の一人で税務署ＯＢ）はいたが、神宮寺の檀信徒組織「花園会」の年会費の管理にかかわる程度で、お布施に対する変革の提案はなかった。花園会費は当時年間一軒あたり一〇〇〇円。年間収入は五〇万円ほどで、使途の多くは総代会の会議費、本山への諸納金となっていて、毎年神宮寺報『はなぞの』で報告されていた。つまり檀家さんへの決算報告は年会費分だけだったのである。

父と国税担当者のやりとりは激しかった。父にしてみれば、いままでの寺の運営方法に対する自負があり、お布施に対する固定観念があったからだ。「お布施は葬儀・法事といった檀信徒の供養の心や、それによる安寧をもたらすものだ。あくまでも檀信徒からの布施であり、そこに定価はつかないし、一律化もできない。しかもそのお布施の中から、神宮寺の運営すべてを行っているのだ。そのどこが悪いのだ」というわけだ。一方、査察官は「お金の扱いはそういうものではない。仮にも宗教法人という法人格を持つ寺が、このような公私混同したずさんな経理は許されるものではない」と述べた。議論は平行線をたどったが、最後に父は爆発し、「おまえらの腰だめでいい、いくらでも持っていけ!」と言い放った。

当時、ぼくはその激論の場にはいたが傍観するしかなかった。なぜならその時点でぼくは母から月給をもらっていただけで、経理には一切かかわっていなかったからだ。

一九七五年、ぼくは寺に帰り結婚した。当時、母にもらっていたぼくたち夫婦の給料は六万円だった。ぼくたちの住まいは旧本堂の屋根裏部屋（六畳一間）だった。本堂のかやぶき屋根はムカデの巣で、夏になると彼らは頻繁にぼくたちの部屋に現れた。しかし、特にそれらのことに不満を持っていたわけではなかったが、日常の中で、母の家計簿＝神宮寺の会計という意識が、一般の社会組織のお金の扱いと大きな違いがあるとは感じていた。その違いがどこにあり、宗教法人という公益性を持った法人が採るべき経理手法とは本来どのようなものなのかを税務署の査察で知らされたのである。

経理の世界の厳しさを見て驚いた。そして法人という社会的組織の中で、あらゆる法人が厳しく管理している金銭に関して、同じ法人格を持つ寺（宗教法人）だけがそれを回避したり許されたりすることはないということを痛感させられた。そしてぼくは経理のシステムを早々に整えようと思った。

情報公開は変革の決め手

税務署の査察があったちょうどその頃、神宮寺本堂・庫裡《くり》建設計画が進み、募財が始まっていた。募財とは寄付のことで、檀家さんに建設に伴う費用をまかなっていただくというものである。神宮寺には本堂・庫裡建設の寄付金が集まり始めていた。

この税務調査がきっかけとなり、本堂建設に伴う経理を完璧にやり遂げることがぼくの役割だと考え、父にそう話した。税務署とのバトルの直後だった父は「任せる！」と不機嫌に言った。そこでぼくは父が作った募財のシステムを見直した。

募財には昔から「寄付帳」が使われる。歌舞伎十八番の「勧進帳」は奈良・東大寺の再建のために、寄付（勧進ともいう）を集める山伏に身を変えて東北の地に逃れていく源義経と弁慶主従の物語である。その勧進帳とは募財の主旨を記したものであり、そして浄財を寄付してくれた人々の名前は「寄付帳」に記入される。古《いにしえ》から「勧進帳」と「寄付帳」は信仰の証としての寄付（寄進）のセットとなっているのである。

じつは寄付帳の記入にあたっては記入順が問題で、最初に金額と名前を書き入れる人は高額の寄付者であるということが常識になっている。寄付をいただく側は、このあたりを見越しながら、高額な寄付が予測される人から寄付帳を回すことになる。回ってきた寄付帳を見ると「あの家がこれだけの寄付をしたのだから、自分はこれくらいかな」という目安とともに、「このくらい出さねば」という強制を感じることにもなる。ぼくはまずそれを廃そうと思った。他人の寄付金がいくらなのかは関係なく、檀信徒ができる範囲の寄付をしていただければいいのではないかと考えたのである。そのことを父に提案した。すると父は、「それで予定金額が集まらなかったらどうする？」と言った。ぼくは「各家ができる範囲の募財額を用紙に書き込み神宮寺へ送ってもらう。その総額を見て、その金額に見合う本堂を造ればいい」と答えた。父は「そんなことは無理だ」と言ったが、しぶしぶ許可をしてくれた。その結果、二億円を超える寄付金が集まったのである。

その大切な浄財に関して、ぼくは二名の会計担当者とともに細心の注意を払い管理にあたった。募財で寄付金が集まり始めてから着工までにおよそ三年の期間があったので、定期預金に預け入れをした。当時の定期預金の利率は六パーセントという高金利だった。細かい計算の末、定期預金の預け入れおよび払い出しによる利息額をはじき出した。その結果、最終的には二〇〇〇万円を超える利息が建設資金に上乗せされた。このことも檀家さんには開示した。加えて寄付金が何に、どのように使われたのかを精査・報告し、きっちりした決算書を作り上げ、寄付をいただい

神宮寺に導入された MIROKU Super7

た方全員にお届けした。正確な決算書ができたのは強い味方が現れてくれたからだ。それがコンピュータだった。

マルサが入った後、一九八三年のある日のこと、檀家のGさんが一人の若者を連れて神宮寺へやってきた。見るからに現代風な若者は「神宮寺さんでコンピュータを導入しませんか」と切り出した。まだパソコンなどという言葉もめったに聞くことのない時代のことであり、コンピュータは大企業でしか使えないものだとぼくは思っていた。そのコンピュータとはMIROKU Super7。一九七七年に「ミロク経理」として設立され、現在はMJSミロク情報サービスという名で知られているコンピュータ経理の先駆的な会社の最新機器だった。

MIROKU Super7ではいったい何ができるのか興味深かったが、デモを見てびっくりした。檀家の名前が書かれたパネル式のボードのキーにタッチし、画面上のお布施額や会費を科目別に入力すると日計、月計、決算までプリントアウトされるのである。しかもプリンターからは年忌法要に該当する施主名は出てくるし、檀信徒の住所はタックシールで印刷できる。いままで過去帳を開いて宛名をいちいち墨書していたが、そんな作業がこのコンピュータ一つで至極簡単にできてしまう。いまならこんな仕事は簡単なパソコンソフトで処理できるが、これは三五年前の話なのである。

ほしい！と思った。そして「いくらするの？」と聞いた。彼は平然と「本体、八インチフロッピーディスク、プリンターその他すべて入れて四五〇万円です」と言った。ここでまた、ぼくはびっくり仰天した。問題外だと思った。しかし、直前に入ったマルサの査察官の「正確で公正な経理は宗教法人の責務です」という言葉が甦った。その言葉に、お金に対する寺の感覚が現代社会とは遠く隔たっていることを痛いほど知らされていた。しかも神宮寺の次代を背負わねばならないぼくは、その頃神宮寺の寺務のすべてを一人で引き受けていた。法務（葬儀や法事）だけでなく、お墓の管理や経理全般すべてを一人でやりきっていかねばならない状況だった。

そんなことが頭をよぎり、借金をしてでも買おうと決心した。そして事務室の一角に、この時代、寺としては驚くべき最新機器が座った。神宮寺の経理はこの時点からすべてがコンピュータ管理下に置かれたのである。

情報公開が変えたもの

一九九〇年代、日本には何人もの改革派知事が誕生した。増田寛也（岩手県）、浅野史郎（宮城県）、橋本大二郎（高知県）、片山善博（鳥取県）、そして北川正恭（三重県）の各氏である。ぼくは浅野さん、橋本さんとはシンポジウムのパネラーとして同席し、親しくさせていただいたこともあり、二人の改革をかなりの関心を持って見守っていた。また、北川さんはＮＰＯの会議で何度かご一緒したことがある。この五人の知事に共通した政策は「情報公開」であり、特に北川さん、浅野さんは先鋭的に進めていた。

北川さんはこう言う。「情報公開とは県庁内すべての情報を隠し事なく開示することをいう。どのような組織でも『隠した方が都合のいい』事実はある。だから全面的な情報公開は組織としての痛みを伴う。だが、完璧な情報公開によって将来的には県民の信頼性は確実に増す」と。

ぼくはこの北川さんの言葉の「役所」を「寺」に置き換え、それを寺変革の主軸にしようと思った。まずは神宮寺が何をしようとしているのか、いま、何をしているのか、それはどのように檀家さんのメリットになるのかを明らかにするために「伝える」方法を寺報に求めた。そして、金銭に関するすべての公開に踏み切った。

寺の経理はブラックボックスの中にあると言われるように、経理が完全に公開されている寺は当時ほとんどなかった（いまでも少ない）。たとえば宗教法人の勘定科目にある「信施収入」（お布施）について言えば、お布施には対価もなく原価も定価もない。そして「お布施」は宗教儀式にかかわる個人差のある「お気持ち」「お礼」として授受されるから、領収証などが発行されることはない。現金が動くにもかかわらず、出所も授受日時も不明、金額も不明、そしてその証拠は何も残らない。そのようにＩＤを持たないお布施はブラックボックスに入れられる。そこから生まれるものは「不信感」だけだ。

不信感を払拭《ふっしょく》する方法は何かを考えた。その第一歩はすべてのお布施に領収証を出す、ということだった。領収証発行が始まったのは、ぼくが住職になった一九九〇年のことだ。当初、神宮寺は葬儀、法事に限り領収証を出していたが、その後、お彼岸、お盆法要などすべてに領収証は発行されている。最初の頃、領収証を受け取った檀家さんは戸惑いを見せた。だがすぐに慣れ、お布施には領収証が出るというのが神宮寺檀信徒の常識になった。

肉山、骨山

ぼくは領収証発行が神宮寺の経理における重点項目であることを一九九三年一月の神宮寺報『はなぞの』五八号で特集した。タイトルは「坊主丸儲け」。神宮寺は坊主丸儲けのシステムを覆すべく、経理の全面公開に踏み切ったのである。そして、その意味と内容を詳しいデータをもとに寺報に掲載した。この寺報五八号は各方面で反響を呼んだ。まず「朝日新聞」が「ワイド経済」一面を使って「宗教法人・お金どこまで公開」と大きな記事を書いた。神宮寺の収支内容については数字を入れて報道し、「ガラス張りで『坊主丸儲け』否定」と見出しをつけた。

『はなぞの』の「坊主丸儲け」特集

朝日に次いで、毎日、読売が神宮寺の経理を報じた。当時、宗教法人における不明瞭なお金に関する醜聞が何件もマスコミに取り上げられていた。だから新聞は飛びついたのだ。記事が出ると多くの批判と賛同の電話や手紙が寄せられた。批判のほとんどは寺の住職からで、中には脅迫めいた電話や手紙も含まれていた。

「そりゃおまえの寺みたいに『肉山《にくさん》』なら何でもできるさ。オレの寺は檀家数十軒の『骨山《こっさん》』なんだぜ。寺じゃ食っていけないから役場に勤めて、その給料を寺につぎ込んでいるんだ」という、この手の批判が多く届いた。檀家数が多く、経済的に裕福な寺のことを坊さん仲間では「肉山」と呼び、その逆を「骨山」という。これは皮肉とひがみとが入り混じった嫌な言葉だが、こんなことを言っているだけでは根本的な問題は解決しない。投げつけられた言葉にぼくは「だったら、兼業でいただいている給料で寺の収入を補っていることを檀家さんに全面公開したらいかがですか」と応えた（ぼくは前述の『はなぞの』五八号の特集の中で檀家さんに自分の給料額を公開している）。その寺の現状を公開することで檀家さんがしっかり内情を認識し、「なんとかしなければ」という意思が見えた時、寺は変わる——これがぼくの実感だったからだ。

そこまでやる必要はない、と思うかもしれない。だが、神宮寺の経理公開に関しての反論としては、自分の寺の運営ができない現状を盾にとっての批判は正しくない。実際、寺に住まい、檀務を行いながら、生活の糧を兼業の給料で維持しているのだから、それを隠さずに出したらいい。いただいたお布施を住職が懐に入れても、寺の正確な決算書による情報開示がない限り闇の中に隠されてしまう。逆に、いただいたお布施を法人の収入とし、正しい扱いをしていても、その情報が檀家さんに届かなければ疑いを持たれてしまう。同じく寺からの収入と兼業での収入が一つの財布に入り、檀家さんの目につくことがなければ同じことが起こる。それではいつまで経っても檀家さんのお布施や寺運営に対する猜疑《さいぎ》心は消えない。

経理の全面公開の記事への批判には、寺の金銭に檀家さんからの介入を許すことになり、いままで便利に使っていたブラックボックスが開けられたら困るという坊さん側の本音が見える気がした。批判する坊さんたちはこういった金銭構造と金銭感覚の中で、ホトケの「こころ」というタテマエをもっともらしく説いているのだ。

一方、賛同の意見の大半は一般の人々からで、特に自分の寺の和尚の金銭感覚に辟易としている檀家総代や檀家からが多かった。

一九九〇年はぼくが住職交代した年であり、その年からお布施全般への領収証の発行が始まり、寺のすべての収支を「決算書」として全檀家に配布することになった。この年が第一期の決算書となり、今期の決算書は第二八期を数えた。

神宮寺経理の大変革はそれ以後大きく進展した。事務長、会計担当者を雇用し、経理の正確さを深化させた。葬儀、法事でお布施をいただくのはぼくだが、お布施袋の中のお金にぼくは触れることはなかった。当時の事務長・竹内博視さんはよく「私は鵜匠です」と言って笑っていた。事務長が鵜匠で住職は鵜になって魚だけ獲ってくればいいという冗談である。

神宮寺の情報公開、特に経理公開は、まず家計簿的な収支計算をやめ、コンピュータによって諸帳票を整えることから始まった。そして収入の大半を占めるお布施に関しては必ず領収証を出し、正確な決算書作成の証拠とした。このことは「隠し事をしない」という意思の表明であり、この社会にある企業やNPOと同等の公開性とそれに伴う責任の所在を明らかにしただけのことだ。そしてそれが正当であることを多くの檀家さんたちが認めてくれた。それにより神宮寺は檀家さんからの信頼を得ることができたのである。変革は相互の信頼がなければ思い込みと自己満足で終わってしまう。

第2章　死のクロスロード

二〇〇二年から二〇〇三年にかけて、ぼくは相次いで親しい友人を失った。佐藤健さんと須田治さんだ。健さんは「毎日新聞」の記者で享年六〇歳、須田さんはフリーランスのライターで四九歳だった。二人とも仏教を得意分野とするジャーナリストとして活躍していた。健さんはがんの闘病を経ての死、須田さんは突然の死だった。

健さんは一九七六年、「毎日新聞」の大型企画「宗教を現代に問う」で禅宗を取材するため、自ら得度し坊さんになった。その頃からの付き合いだ。何度も一緒の旅をした。神宮寺の尋常浅間学校（神宮寺が一九九七年から二〇〇七年まで主催していた多彩なゲストを招いた学びの場）で何度も教壇に立ってくれた。神宮寺の季刊誌『僧伽』（前出のコラムを参照）では、「仏たちが来た道」の連載で健筆をふるってくれた。

須田さんは同じ神宮寺の季刊誌『僧伽』誌上で連載「クロスロード」を創刊から担当し、神宮寺にクロス（交差）する人々を独特の切り口で取材してくれていた。

二〇〇二年一二月、がん末期だった健さんは「毎日新聞」紙面に「生きる者の記録」の連載を始めた。死の二〇日ほど前のことだ。健さんは明らかに死を「一人称」としてとらえている、そして意識して死の準備をしている、とぼくは紙面から感じとった。

『僧伽』（二〇〇一年・秋号）の「クロスロード」にはこの二人が登場する。がんであることを公表し二〇〇二年に亡くなった健さんをその一年後、追うように死んだ須田さんがインタビューしているのだ。その中で、健さんは須田さんにこう語っている。

見る側から見られる側に身を置いてみる。それを「視座の転換」という。病人を診ていた医師が病気になって医師〔である自分〕を見る。それを「二重の想像力」とぼくは呼んでいる。第三者として事件を追い、識者の意見を聞くというパターン化。それが客観報道と言われるが、「二重の想像力」から言うと、殺された側から殺した側を見る。〔これが〕想像力の往復運動。宗教を取材する際に「二重の想像力」を持つということは、つまりオレも死ぬから。オレだけ安全地帯に居られないってことだよ。（カッコ内は筆者による補足。以下、引用部分はすべて同様）

須田治さん

「毎日新聞」に連載された健さんの「生きる者の記録」は、がんに侵された自分が、いままで生きてきた自分を再び見直すために、自分自身を取材する「二重の想像力」を駆使して書かれたものだった。

一方、須田さんは二〇〇一年一〇月、神宮寺で行われた「全国坊さんサミット」にゲストとして登場し、こう言っている。

「安らかな死シンドローム」というのがあると思うんですよ。ぼくたちはある一定の水準を保たれる生活を手に入れた。そうなれば差別化できるのは、病とか死の問題ですね。〔いま、この時代は〕安らかな死を強制しているような風潮があると思うんです。ぼくはバタバタ、ジタバタと執着しながら死んでいくと思います。そういう死もありじゃないかという考え方、意味付けという作業が、〔安らかな死シンドロームの中では〕異端的に思われています。みんな安らかに死ななかったらどうするんだろうって。

ホスピスや緩和ケアによって、すべての人が「安らか」に死んでいくことに須田さんは疑問を投げかけた。「ぼくが死ぬ時は多分ジタバタするだろうね」と語る須田さんの顔をいまでも鮮明に思い出す。

薬を使えば楽に死ねる

死を間近にし、ペンを持たなくなった佐藤健さんのベッドサイドで、健さんが発する一言一言を掬《すく》い取っていたのが後輩の記者・萩尾信也さんだ。萩尾さんは二〇一四年五月一八日付の毎日新聞「ストーリー」の中で、健さんの最期の場面をこう書いている。

〔健さんの〕臨終の前日。呼吸困難に陥った先輩〔健さん〕に「いよいよか？」と問われた私は「鎮痛剤をもっと増やすとそのまま眠りにつけるそうです」と医師の言葉を伝え、先輩は迷うそぶりも見せずに「それを頼む」と即答した。

佐藤健さん

健さんと萩尾さんのやりとりは、ぼくの父の最期の場面でのやりとりと同じだ。痛みを取り除く麻酔を脊髄に打てば、「痛みは完全になくなる。けれど、寿命が短くなるかもしれない」と医師の言葉を伝えたぼくに対して、父は平然と「やってもらってくれ」と言ったのだ。父の場合は痛み、健さんの場合は呼吸困難と、身体状況は異なるが、二人とも苦しみの絶頂にあり、死の淵にいたことは同じだ。その場面でベッドサイドにいたぼくと萩尾さんが同じ意味のことを伝えている。「痛みはなくなる」「そのまま眠りにつける」という言い回しはしているが、要するにこれは「薬を使えば楽に死ねますよ」ということを言っているのだ。そして、その提案に対して、両者とも「それを頼む」「やってもらってくれ」と言い切っている。だが、これは日本では許されていない安楽死とどこが異なるのか、という割り切れない気持ちがぼくの中にあった。

しかし、健さんの言う「視座の転換」に落とし込んでみれば（立場を変えてみれば）、ぼくだって「それを頼む」と答える可能性は十分にある。耐えきれないほどの苦しみや痛みがあれば「すぐお願い」と言うかもしれない。

萩尾さんは須田さんとも親しかった。萩尾さんが副編集長をしていた頃の『サンデー毎日』に、須田さんは「こんな死に方してみたい」というタイトルで連載記事を書いている。その記事は、ホスピスや高齢者が住む地域など、死の周辺を丹念に取材したものであり、萩尾さんはその取材記事を高く評価していた。須田さんはそれらの取材から自分自身の死線を視界にとらえていたに違いない。

須田さんが健さんを取材した記事が載る『僧伽』（二〇〇一年・秋号）に戻ろう。その号には特集が組まれていた。特集タイトルは「いま、寺は求められているか」だった。

「生活者と寺との関わり」という調査報告書が二〇〇〇年三月、第一生命経済研究所・ライフデザイン研究所から出された。副題には「檀家制度と寺の今日的役割」とある。調査は次のように結論していた。

「寺の経営基盤に対する危機感を持っている住職は多く、寺は地域に溶け込んでいかねばならないという意識はあるものの、生活者のニーズとギャップは大きく、具体的な打開策が見出せない状況にある」と。

この調査にぼくは興味を持った。そして、この調査を主導した人物に会いたくなった。それが小谷みどりさん（当時ライフデザイン研究所・副主任研究員）だった。小谷さんは研究テーマを高齢社会、終末期医療、葬儀や墓、寺と社会の関係、現代人の死生観などに置いている。須田さんやぼくと同じテーマを追い、それらの問題に対する同じような意識や探究心の持ち方をしている実践的研究者だ。
須田さんとぼくが小谷さんにインタビューした結果が、『僧伽』の特集「いま、寺は求められているか」として掲載された。その中で、小谷さん、須田さん、そしてぼくの鼎談は現代仏教の問題点に切り込んだ。小谷さんは坊さんに対する社会の人々の不信感をデータで表した。須田さんは自身が深い取材を重ねたタイ上座部仏教の視点から、日本仏教の存在感の欠如を口にした。ぼくは「生・老・病・死」の現場に立とうとしない伝統仏教の坊さんたちの現状を提示した。

鼎談における三人の共通見解は「これから伝統仏教は苦戦する」だった。あれから一七年、苦戦は現実として仏教界に顕れ、その度合いはますます大きくなっているように思う。

「いま、寺は求められているか」
を特集した『僧伽』2001 年秋号

このインタビューからちょうど一〇年後の二〇一一年、東日本大震災が起こった。そして震災一ヶ月後、大手電機メーカーの海外担当をしていた小谷さんの同い年の夫が急逝した。「朝、起きてこないので部屋をのぞいたら死んでいた」のだという。彼の職場は外国人がほとんどだったが、当時彼らは福島第一原発事故による放射能汚染を深刻にとらえ、全員が国外に脱出してしまっていた。そのため彼は孤軍奮闘せざるを得なくなり、休日返上の激務が続いていたという。彼の死はその結果の過労死として労災認定された。小谷さんは須田さんとぼくがインタビューした頃にはすでに死の周辺に研究テーマを置いていた。しかしその後、一番身近な夫の死に、しかも劇的な死に出合うことになってしまったのである。

握りしめた拳《こぶし》　辻本好子さんと柳原和子さんの死

大阪にCOML《コムル》（ささえあい医療人権センター）というNPO法人がある。COMLは医療における患者の自立と主体的な医療参加を目的に、患者と医療者のよりよいコミュニケーションや協働の確立を目指して活動している団体だ。「あなたが『いのちの主人公』であり『からだの責任者』である」をコンセプトに、電話相談、セミナーの開催、模擬患者ワークショップなど多数にわたる独自の活動を展開している。そのCOMLの創始者が辻本好子さんだった。いま、日常会話に登場する「インフォームドコンセント」や「セカンドオピニオン」などという言葉は、COML発足（一九九〇年）当時は、一部の人にしか知られていなかった。それを辻本さんたちは、「賢い患者になりましょう」を合い言葉に、患者が主体的に医療にかかわる道筋を作り上げていく中で普遍化させた。そして患者と医療者が対話と交流を通じ、互いに気づき合い、歩み寄ることのできる関係を丹念につむぎ、日本の医療が患者中心の開かれたものに変わっていくための役割を担った。

辻本さんとぼくは同い年。出会いはNPOの会合だった。もう三〇年ほど前のことだが、彼女の医療を中心に据えた「いのち」にかかわる視座が新鮮で魅力的だった。だからぼくは神宮寺に彼女を誘った。尋常浅間学校、そして神宮寺の季刊誌『僧伽』への執筆と、彼女の方から積極的にかかわってくれ、『僧伽』では「ナンジャ? カンジャ! の患者学」というコラムの連載を引き受けてくれた。

二〇〇三年の『僧伽』(春号)は、先の佐藤健さん、須田治さん二人の追悼特集となったが、その号の辻本さんのコラムタイトルは「がんは私の一生の〝もちもの〟」だった。つまり、その時点で辻本さんはすでにがんを抱えていた、ということになる。

辻本さんの乳がんがわかったのは掲載の前年、二〇〇二年のこと。その後、いわゆる三大治療(手術、化学療法、放射線治療)を終え、彼女は復帰した。そして奇しくも、健さん、須田さんの追悼号に、彼女のいのちを脅かした「がん治療」の体験を書いていたのだ。

辻本好子さん

二〇〇二年、治療最中のその年、神宮寺で行われた地域医療と福祉を考える六時間シンポジウムに辻本さんはゲストとして登場した。抗がん剤の投与で、丸坊主だったが、かつらを着けることもなく、堂々と二〇〇人を超える聴衆の前で持論を展開していた姿を思い出す。

しかし、いま振り返ってみると、この時点で彼女は、がん患者ではあるけれど、まだ死を遠くに視ている感があった。手術は終えた、そしていま、放射線治療と抗がん剤治療を続行中だ……不安はあるが、まだ、私は死なない……と。だが、乳がんの手術から八年、がんとの決別を確信していた頃、スキルス性の胃がんが見つかった。二〇一〇年六月のことだ。

積極的に告知に臨んだ彼女に「余命一年」が告げられた。告知の瞬間、彼女は動じることなく、主治医を見つめ「わかりました」と微笑みながら応えたと聞いた。医療に深くかかわったこと、たくさんの医療相談を受け、病に苦しむ人々の生の声を聴いていたこと、それが彼女なりの死の準備となり、予期悲嘆《プレグリーフ》を軽くしていたのだろうと、その話を聞いた瞬間思った。

しかし、このシーンはどこかで見たことがあった。辻本さんとぼくの共通の友人、しかも萩尾さんも旧知の作家、柳原和子さんの著書『百万回の永訣』（中公文庫、二〇〇五年）の中にある柳原さんと医師とのやりとりのシーンだ。

柳原さんは一九九七年卵巣がんと診断され闘病するが、奇跡的な生還を遂げる。がんが消えたのだ。その闘病中に彼女は大著『がん患者学』（晶文社、二〇〇〇年）を書く。その中で彼女はがんの長期生存患者を取材し、がん医療を徹底的に検証していくのである。

二〇〇一年、柳原さんは尋常浅間学校に登場してくれた。諏訪中央病院の鎌田實院長（当時）とぼくを交えての鼎談が神宮寺で実現したのだ。患者と医者と坊主。ここではそれぞれの思いや熱情が爆発し、交錯した。柳原さんはがんを通して死の淵を視ている自分に対して、医療と宗教、つまり鎌田さんとぼくにはいったい何ができるのか、と問うた。ぼくは絶句するよりなかった。死の淵に立ち、死線を挟んで壮絶に生きている柳原さんに、ぼくの曖昧な立ち位置が露呈したのだ。この鼎談は、尋常浅間学校一〇〇回の中でもっとも秀逸なものとして記憶に残っている。

柳原さんは二〇〇四年に再発し、二〇〇八年に亡くなったのだが、再発後、魂を込めて著した『百万回の永訣』の中で、再発がんとの壮絶な闘いを記している。そこには、こんな記述がある。

尋常浅間学校での柳原和子さん（中央）、
左が鎌田實さん、右が著者

病院を訪ね歩いている。

例外なく、医師たちは真摯で、しかもやさしかった。にもかかわらず、不治の病の側にあるわたしは深く深く、彼らの表情、言葉に傷ついていた。彼らの話を聞きながら、頷きながら、笑顔をたたえて共感を示しながら、握り拳を堅く結び、小さく唇を噛み、逃げ出したい、とふるえた。

辻本さんが「あと一年です」という医師からの余命告知に、穏やかな顔で「わかりました」と応えるシーンがこの部分に重なって見えたのだ。もしかしたら辻本さんは、机の下で拳を握りしめ、震えながら告知を受けていたのかもしれない。それはぼくの想像にすぎないのだが……。

医療に関する事前指示

辻本さんは信じられないほどがまん強かった。また、つねに他人を思いやる気持ちを持っていた。それらが告知から手術に向かうまでの彼女の行動につながったような気がする。彼女は、入院していた大阪医療センターのスタッフやお見舞いの人々に、いつも毅然とした接し方をしてきた。若い医師や看護師には、患者としての自分の姿を、そして死に逝く姿を「しっかり見ておくように」とも言っている。そんな彼女に、死の影は、急速に近づいてきた。

辻本さんは二〇一〇年七月に手術を受けているが、その一週間前、「医療に関する事前指示」を書いている。大手術に際し、もしものことがあった場合に備えて、自分の意思を書き残したのである。この段階で、すでに死を現実のものとして視ざるを得なかったのだと想像できる。

死のステージに向かう自分を意識し、いままでＣＯＭＬで活動してきたこと、講演会で多くの人々に語ってきたことを、彼女は「事前指示」として改めて文章にした。死の淵に立ってギリギリの状態で書いたものだが、その内容は勇気に満ちていた。

「医療に関する事前指示（アドバンスディレクティブ）」は、「尊厳死の宣言（宣誓）書」のように、自分の生命における最期の局面だけを問題にするものではない。死に向かう自分が、いま、どのように生きるか、そのためにどのような医療を受けたいか、という希望をあらかじめ残しておくことを主旨とするものだ。辻本さんはずっと「患者という医療消費者」が、「どんな医療を受けたいかを〔医療者に〕伝える主体性が大切」と言い続け、ＣＯＭＬを運営してきた。だからこのようなカタチを選んだのだということも想像できる。

現在、アメリカで見られる「医療に関する事前指示」では、本人の意識が失われた後の医療行為に関する代理決定者の事前指名や代理者への病名・病状の告知、そして自分の尊厳が補完される療養環境、さらに死に逝く場所、死後の身の回りの処理にまで踏み込んで、具体的に書くという形式が多くなっている。

「医療に関する事前指示」の核心は、いまこの国でも多くの人々が記している「尊厳死の宣言書」のように、死の際にしてほしくない、避けたい事項の宣言だけではなく、「私はどんな医療を受けながら、尊厳を守られて生きたいか」ということについて書く、つまり、「生き方の宣言書」であると言える。そしてそれは、尊厳を守られた中で「どのように死にたいか」という「死に方の希望」にもつながっていくものでもある。

たとえば、在宅での死について言えば、家族や住まい、地域の医療や福祉の体制と密接に関係するから、単に医療の問題だけでは解決しない。家で死ぬまでに、その人にどのような人や組織が、どういった形でかかわるかを精査しなければならない。そして、それらの体制や機能をどう利用し、どうしたら自分が心地よく生きていけるかを考えねばならない。在宅死の場面では、いままでの医療モデルだけでは解決できない問題が生じるという場合も大いに考えられる。その解決のためには、自分自身と医療関係者との間で、これから受ける医療に関する情報の綿密なやりとりが必要となる。また、介護・福祉関連の人々とのコンタクトなど、生きていくことに関する細かな将来構想の打ち合わせが必要となるのである。

その意味で、「医療に関する事前指示」は重要な自分自身の意思表明のドキュメントとなる。では辻本さんはこれをどのように書いたのだろうか。関係者の許可をいただき、公開できる部分を紹介する。

事前指示書

私こと「辻本好子」が意思表示できなくなった時、以下のことを本人の意思尊重のもとに執り行ってください。また、ここに記す以外のことについては、A〔長男〕、B〔次男〕、C〔COMLパートナー〕の三名合議のもとで、生前の私の意思を鑑み、最良の方法を取ってください。

- 手術中の麻酔事故や急変、また術後の副作用や後遺症で重篤な状況に陥り、意識不明や正常な判断能力が失われた場合、救命のためだけの延命治療（心肺蘇生、気管切開、人工呼吸、人工透析、強制人工栄養、輸液、などすべて）を行わないでください。
- 〔死亡後の葬儀や遺骨の取り扱いについて＝非公開〕

・〔死後の預金と生命保険の取り扱いについて＝非公開〕
・〔二人の息子に対する生命保険給付金の一部の寄付行為について＝非公開〕
・〔こだわりの洋服や絵画の譲渡や処分について＝非公開〕
・アクセサリー類やその他がらくたばかりですが、遺った品々をCOMLでガレージセールでもして処分し、すべてをCOMLに寄付してください。
・これまでの人生で出会ったすべての人々に心から感謝します。とっても幸せな人生でした。本当に、本当に、ありがとうございました。

二〇一〇年七月四日　辻本　好子

この事前指示の中で注目すべきは四つある。まず一つ目は、意思表示ができなくなった自分に代わって医療行為を決定する代理人の指名がなされているということ。次に、意識が失われた時の対処や救命だけの延命措置（心肺蘇生、気管切開、人工呼吸、人工透析、強制人工栄養、輸液）などの拒否が明確に指示されていること。三つ目は、死亡後のこと（遺言に代わるもの。本書には非公開）が端的に書かれており、葬儀や遺骨の取り扱い、預金や生命保険の扱いについても具体的な指示があるということ。最後は、周囲の人たちへの心からの感謝の言葉が添えられているということである。

長年にわたってCOMLを運営してきただけあって、辻本さんの事前指示書はとても簡潔で要を得たものだった。

彼女が手術をしたのは二〇一〇年の七月一二日。事前指示を書面にしたのが七月四日。手術の九日前である。手術は事前説明でかなり厳しいことを知らされていた。そんなこともあり、辻本さんは事前指示をしたためたのだと思う。死に向かおうとしている自分が、その過程を予測して、その時の自分の姿や意識の変化を想像しながら、すべてをしまい終える決意の文章を書く……考えてみれば、それは本人にとって、とてつもなく辛いことではないだろうか。おそらく心身ともにボロボロになりながら書いたに違いない。彼女のその時の姿を想像すると胸が痛む。

いい死？ 悪い死？

友人の医師は、かつてぼくにこう言った。

「いま、死の臨床にかかわる医療者は、患者の死のストーリーを作り上げねばならなくなっているように思う。しかもそれはパターナリスティックに作り上げられる場合すらあるように思う。たとえば、セデーション〔死に伴う痛みを避ける措置として、死に至るまで薬剤などにより持続的に意識レベルを下げること〕によって、上手に、安らかに、美しく死なせていくことが主流になっているような気がしてならない。終末期医療において、医療者の側からも家族の側からも、患者を安らかに美しく死なせる、それが『納得できる死＝いい死』だという概念が作り上げられてしまっているんじゃないか」

こういう形で「いい死」に向かうルートマップが作られているのではないか、というのである。佐藤健さんの死の場面で、萩尾さんが伝えた「鎮痛剤をもっと増やすとそのまま眠りにつける」という医師の言葉なども、そうとらえることができるかもしれない。

これからの時代、医療者は「死の臨床」を手がけざるを得ない。八〇〇万人の団塊世代の死が控えているからだ。だからこれまで以上に医療がかかわる死のボリュームは増すだろう。それに対して医療者は納得できる「いい死」を演出しなければならなくなるのではないか。もちろん、本人が納得づくで「穏やかな死」が迎えられれば、それはいいことだろう。しかし、もしそうした死こそが「いい死」なのだ、というイメージがひとり歩きしてしまうならば、それは怖いことでもある。

それに対して、嘆き、悲しみを表出し、助けを求め、滂沱《ぼうだ》の涙を流し、取り乱し、悪態をつき、自分を支えてくれる人を責めながら死んでいく……それは「悪い死」になるのだろうか。生きたいと率直に訴え、もがき、苦しみ、悲しみを表出する死は「悪い死」なのか。これは先に須田さんが「安らかな死シンドローム」について言及し、「安らかな死」が「いい死」で、ジタバタ死ぬのが「悪い死」なのか、と問うていることと同じだ。

辻本さんの死の半年前、ぼくは思い切ってこのことを彼女に話してみた。辻本さんの心身の苦しみは日々強くなっていた。しかし、辻本さんは、いままでの生き方や、社会的な立場から「人前で苦しみを見せない自分」のイメージを維持しようとしているように思えたからだ。最後まで「賢い患者」でいなければ、という軛《くびき》を負ってしまったような感じがしてならなかったのだ。

まだ、ヨロイ、カブトを着けているわ

二〇一〇年一〇月(死の八ヶ月前)、辻本さんは子どもたちと松本に来た。別れを告げる旅だった。彼女が愛した安曇野に別れを告げること、そして死んだ後、自分が入ると決めた神宮寺の永代供養墓「夢幻塔」を子どもたちに見せるためだった。

七月の手術後のことで、食べたら必ずダンピング(胃切除後、食物が急速に腸に落ちるために起こる低血糖やめまい、息苦しさなどの症状)が来て苦しむことがわかっているのに、「おいしい」と言って信州そばを口にした。その夜、ぼくは辻本さんとじっくり話し合った。もちろん死を前提とした会話だった。

彼女がこう言ったのを、ぼくはいまでもはっきりと覚えている。「まだ、私、ヨロイ・カブトを着けているわ。これを脱いだ時に死ねるのね」と。ぼくは「辻本さんがずっと言ってきた『賢い患者』を最後まで貫き通していくことも大事な生き方かもしれない」と返した。そして、柳原和子さんが『がん患者学』を書くきっかけとなった言葉を彼女に伝えた。それは「がんの本の多くは、結局死をまぬがれないと書く。どのように死を受容するかなんて。だけど、たと

え一ヶ月でも生きられる、と励ますものを私は書きたかった。これを書くために物書きになったのだと、いまは思う」というものだ。

柳原さんは生にすがりつく生き方を書きたかったのだ。柳原さんは前述した『百万回の永訣』の中でこんなことも言っている。震えながら告知を受けたその後の感想だ。

「治らない、と〔医師の〕誰もが告げた。つらそうに、伏し目がちの視線で……。〔中略〕『あなたの生をサポートする』なぜ、医師たちはそう言わないのだろうか？　なぜ、不治を告げる前に闘病の伴走者になろう、と言わないのだろうか？」

辻本好子さん。神宮寺にて。2010年10月

辻本さんは、死の一ヶ月前、COMLの年次総会にとびきりのおしゃれをして出かけている。その夜、ぼくは辻本さんの自宅に伺い話をした。彼女は少し疲れた様子だったがしっかりと受け答えし、「私、まだ抗がん剤やっているの」とほほえみながら言った。「私、本当に生きたいのよ！」という想いが伝わる一言だった。

辻本さんはいのちの最終段階を迎えていた。そこには次男の淳也さんが付き添っていた。淳也さんは言う。「母は闘病中も、人の前では仮面をかぶるようにして朗らかで賢い患者を装っているように見えました」と。しかし死の二週間前、病院から一時帰宅した辻本さんは、これまでにない姿を淳也さんに見せることになった。「『トイレだけは自分で行く』と繰り返してきた母が、『手伝って』と弱音を吐いて、抱きかかえるようにして連れて行きました。ベッドに戻ってしばらく黙り込んでから、『帰る』とつぶやいて病院に戻りました。その時の寂しげな横顔を覚えています。心が折れたのだと思います」(二〇一四年五月一八日「毎日新聞」「ストーリー」)。

二〇一一年六月七日、京都で大学の講義をすませ、伊丹から仙台空港に向けて被災地へ飛び立つ前、ぼくは病院を訪ねた。食べ物は採れず、骨が浮き出る辻本さんの手を握り、ベッドサイドに付き添った。時々顔をゆがめながらも、彼女は、穏やかに語り、そして静かに涙を流し始めた。彼女なりの死の受容が始まったのだと思わせる涙だった。淳也さんが「心が折れた」のだと思ってから数日後のことだ。辻本さんはヨロイもカブトも脱ごうとしていた。それから一〇日後、辻本さんは旅立った。

Not doing, but being

辻本さんは「賢い患者」としてはパーフェクトだった。それは入院中の毅然とした態度に見られる。そして事前指示書。自分自身の医療環境の決定や代理人の指名、かかわってくれた人々への配慮などを、簡潔かつ完璧に記している。彼女は自らの死への準備を整然と、そして粛々と進めていった。これら、辻本さんの死への過程は、これから死に向かうぼくたちの指針になることは間違いないだろう。

しかし一方、彼女の死へのマイルストーンには、「生きたい」という願いや、「生にすがりつく生き方」の痕跡が随所に見られた。辻本さんの死後、彼女とCOMLを運営してきた山口育子さん（現COML代表）から、辻本さんが『般若心経』の写経をしていたということを聞いた。そして写経用紙の最後の行には「延命祈願」と記されていた、と。ぼくはそれが辻本さんの本音だったと思う。それは「賢い患者」として死ぬよりも、本当に生きていたかったんだ、生にしがみついていたかったんだ、と思わせるものだった。逃れられない死の苦しみや悲しみや痛みは、確実にあふれ出す。それらを死に逝く本人一人に任せるのは残酷なことだ。辻本さんが、最期に流した涙は、そのことを象徴している。ぼくはあの涙を忘れることができない。

涙を流す辻本さんの傍らでぼくは戸惑い、苦しんだ。もうすぐ死に逝く彼女に何をしたらいいのか、何を語ったらいいのか。はっきり言ってわからなかった。ただ、やせ細った手を握るだけだった。ぼくは辻本さんの闘病の伴走者、死への伴走者にはなれないという挫折感に襲われた。

かつて淀川キリスト教病院におられた柏木哲夫先生は、セントクリストファー・ホスピスを創始したシシリー・ソンダース医師のこんな言葉を紹介してくださった。

Not doing, but being（何もしないでいい。ただそこにいるだけで）

これは寄り添う人（伴走者）に与えられる究極の言葉と言えるのかもしれない。しかし、このような言葉を使える関係性は、かなり限られている。この言葉のように死の伴走ができるようになるためには、両者の間、つまり死に逝く者と、見送る者の間で、絶対的な信頼関係が構築されていなければならないからだ。同時に、この対応は決して通常の場面のものではない。死を目の前にした極限的な状況において、初めてこの言葉が現われるのだ。柏木先生はそれらの条件をすべてそろえた方だ。だから「Not doing, but being」とおっしゃることができる。ぼくもそう言える場所に自分を置きたいと強く思った。

二〇一一年六月、ぼくは辻本好子さんという大切な友を見送った。その死に際して、辻本さんの息子の淳也さんの体験は強烈だった。そして母の死から三年後、彼はその死別体験を抱えながら、ぼくが企画した「ヨーロッパ・死を視る旅」の同行者となってくれたのである。

コラム2 寄り添い？ 支え？

東日本大震災発生三日後、ぼくは福島第一原発から三〇キロゾーンの内側にある南相馬に入った。福島第一原発は電源を喪失し、次々水素爆発を起こしていた。一九九一年以来、鎌田實さんたちとともにチェルノブイリ支援を続けていた日々からちょうど二〇年。その時空をタイムスリップしたような感覚の中で、ぼくは福島の支援に入った。そして鎌田さんが率いる諏訪中央病院の医療チームを迎える準備にかかった。災害発生直後、あるいは急性期に現場に入り、状況把握をし、後続の支援本体が到着した時、すぐスムーズな活動に移れるような仕組みを作るのがそれまでのぼくの役割だったからだ。

大災害に医療は絶対必要だった。ＤＭＡＴ（災害派遣医療チーム）やＡＭＤＡ（多国籍医師団）、国境なき医師団などの緊急医療支援組織が大々的に動いた。しかし、原発三〇キロゾーン内は放射能による危険度が高いため捨て置かれていた。チェルノブイリ支援の経験を持つ鎌田さんとぼくは、ゾーン内にある南相馬に入り、南相馬市立総合病院に支援拠点を置かせてもらった。

死者との距離感

三月二〇日、相馬農業高校の体育館には一〇〇体を超える遺体が安置されていた。棺の窓が閉じられたものは身元が確認された遺体。身元がわからない遺体の窓は開けられたままだ。

ぼくはいままで坊さんとして死の淵を歩いてきた。南太平洋の島々では、戦没者の遺骨を拾い、遺族や遺児の号泣の中で辛いお経をよんだ。一九九一年から医療支援で入ったチェルノブイリでは、子どもたちの死に出合い、涙にくれる両親の傍らで手を合わせた。九七年からは、タイのエイズホスピスで、一日に何名もの患者を看取り、現地のお坊さんとともに見送りの儀式に臨んだ。そして、寺の住職としての仕事に死は日常としてあった。いままで、いのちの汀《みぎわ》から死に至るまでを、ずっと見続けてきたとも言える。

死の場面に出合うたび、死に逝く一人ひとりに想いをはせ、遺族の悲嘆を心身に刻み込んだつもりだった。旅立ちの時、お別れの時、そして残された人々へのかかわりの時、それぞれの「時」に、苦しみ、悲しみを共有し、あるいはそれらを引き受ける方法を学ぼうとしてきた。

しかし、東日本大震災でその学びは役に立たなかった。一〇〇体を超える遺体を目にした瞬間、いままでの死を視た体験は崩れ去っていった。すさまじい死がそこにあったからだ。津波に襲われ、のみ込まれる瞬間、彼らは何を思ったのだろう。苦しかっただろう、無念だっただろうと、そんな思いが交錯した。それは強烈な痛みとなり、傷となってぼくを襲った。

身元確認で訪れる人と、警備の警察官以外はいない寒々とした遺体安置所で、ぼくは意を決し、棺に向き合い、お経をよみ始めた。それは、この災禍においていのちを失った人々に対する坊さんとしての役割だと思ったからだ。遺族もいない、見送る人々もいない場所での読経が何の役に立つかはわからない。しかし、よまずにはいられなかった。震災から一〇日目の朝のことである。この日から、遺体安置所での朝の読経は日課となった。

震災後一四日目。南相馬市鹿島の避難所でEさんに声をかけられた。「髙橋さんはお坊さんですよね……お願いがあるんだけど」。彼は続けた。「じつは親父の火葬ができないのが気になってずっと眠れなかったんです。でも火葬が明日に決まったので、出棺の際にお経をよんでもらえないでしょうか」と。

Eさんの父親は自動車運転中に津波に遭い二日後、遺体となって発見された。そして毎朝ぼくがお経をよみに通っていた安置所に運ばれていた。

南相馬の避難所にて。写真左が著者

翌朝、Eさんは一人で安置所にやってきた。父親は遺体となってここにいる。母親と妻は津波に流されたまま、いまだに発見されていない。出棺に立ち会う家族や親族は一人もいない。位牌、遺影、生花といった葬儀に必要なしつらえは何もない。色とりどりの衣《ころも》をまとった坊さんもいない、その人の一生を弔辞によって偲《しの》ばれることもない。汚れた作務衣《さむえ》に略式の衣をまとったぼくと、着の身着のままのEさん。二人だけの葬儀が始まった。Eさんの父親の棺の周りは何重もの死者が取り巻いていた。死者たちが棺の中からこの葬儀を見守ってくれているかのようだった。

お経が終わり出棺となった。棺をEさんと二人で運び出さねばならない。どうしようかと迷っていたその時、体育館の入口で警備をしていた警察官が棺の周りに集まってきた。彼らは遺体に手を合わせ、深く頭を下げた。そして霊柩車代わりのライトバンまで丁寧に棺を運んでくれた。Eさんが助手席に乗り込むと、警察官たちは整列し、敬礼して見送ってくれたのである。ぼくは警察官が見せた死者の見送り方に驚き、感動した。

津波発生直後から、生存者の救出、遺体の捜索、検視、収容という厳しい死の現実を見ながら過酷な現場で仕事を続けてきた彼らだからこそ、死者たちの死の瞬間の恐怖や無念さを実感できるのだ。彼らは死者たちと同じ場所にいた。だから死者との距離は圧倒的に近い。そのことが死者たちに対する向き合い方、礼のつくし方に顕れたのだ。

通常、死線を越えようとする時は医療や介護によって手厚いケアを受ける。死線を越えた死者は葬儀社の丁重な扱いを受けて別れのセレモニーに臨む。そこでは、きれいに死化粧をされた遺体に向かい坊さんの読経が流れる。ぼくたち坊さんは葬儀の際、死者に向き合った位置を取る。親族よりも死者に近い位置に座るわけだ。そこで行われることは宗派伝来の「儀式」であり、死者が誰であろうと変わりなく行われる。

葬儀における死者との関係は菩提寺と檀家という場合が多い。だから、生前の付き合いの中で、その死者がどう生きたのか、何を思って生きてきたのかなどの情報を得ることはある程度は可能だ。だが、その情報は様式化された葬儀の中に反映されることはほとんどない。しかも、その人が死に逝く時、坊さんがその状況を見ることもほとんどない。坊さんは死者と同じ時空を共有する必要性はないのである。

一方は死者に、一方は生者にと分かれはしたが、遺体安置所の警察官たちは、あのすさまじい時空を死者と共有していた。だからこそ死者の痛みや生者の悲しみがわかるのだと思う。通常の葬儀というパターンは津波直後の被災地にはなかった。生き残った人々は、自分の身内を見送るすべを失っていた。そんな時ぼくは警察官たちが見せた美しい別れの姿に遭遇したのだ。

震災後一六日目の朝、安置所に新しい棺が二体運び込まれていた。傍らには四〇代の女性と小学生くらいの女の子が花を手にして立っていた。その女性は、こう言った。「今朝、見つかったんです。じいちゃんとばあちゃん」「自分の家のがれきの下から二人そろって見つけてもらったんです」「でもよかった！　見つかって」「じいちゃんは自分の家で死にたいって言っていたし、ばあちゃんと一緒だったから……よかった！」

辛く、悲しく、苦しい中で、彼女は「よかった！」と言って微笑んだ。何かにすがり、納得しようとしていることがよくわかる言葉だった。みんな、自分が置かれた境遇に納得を求めている。そうでなければ生きていけない。

寄り添い？　支え？

二〇一一年五月、ぼくは入釜谷（北上川河畔、八四名の死者を出した大川小学校の近く）に鎌田實さんが中心になって活動している地域医療関連グループの医師や看護師、理学療法士、保健師たちと入った。震災後、被災者の中には心に深く刻み付けられた傷によって、フラッシュバックや心身反応のマヒ、睡眠不足や極度の緊張という状況に陥る人がいた。この症状を改善するにはまず医療が必要だった。そして医療の後方からそっと、傷口の薄皮を一枚一枚はぐように、時間をかけて癒やす作業が必要だった。その仕事はとても難しい。ぼくはそれを鎌田さんの傍らで行おうと入釜谷の仮設診療所に通った。

五月七日、東北大学で、シンポジウム「祈りの心　東日本大震災に宗教はどう向き合うか」が開かれた。震災から約二ヶ月、急性期対応は終わり、生活支援が本格化し始めた頃のことだ。しかし、被災地に改善の様子は見えず、被災した人々は、がれきの中で不安と悲嘆の中にいた。このような状況に、宗教（者）はどう向き合うのか――それがこのシンポジウムの主旨だった。

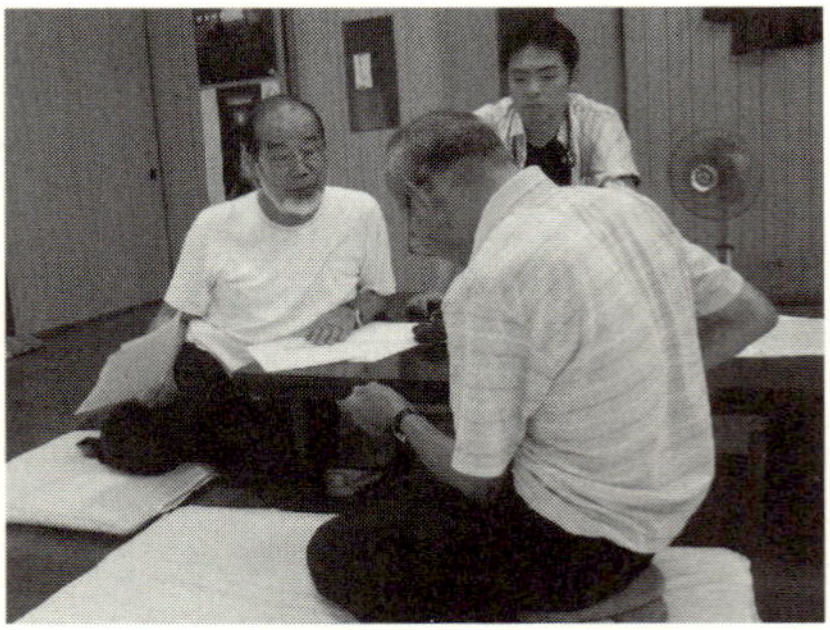

仮設診療所で診察をする鎌田實さん

「各宗・各派の多くの宗教者が震災現場に入り、それぞれの関連する場所で、それぞれの思いに基づいた活動を行っていたことは確かだ。それによって救われた被災者は多い。しかし、一歩踏み出し、先を見た時、ケタ違いの大災害が人々の心身にもたらす傷や痛みを看過することはできない、ということに気づかねばならない。つまり、泥かきも炊き出しも必要だが、『死』の真っただ中で呆然と行き暮れている人々、心身ともに疲れ切り、ズタズタに引き裂かれ、悲しみ、苦しみ、せつなさ、やりきれなさ、そして悔恨の中にある人々への適切なケアも必要だ。そしてこのことが宗教者としての最優先課題ではないのか」というのがシンポジウム呼びかけの内容であり、キーワードは「寄り添い」と「支え」になっていた。信仰・信心を持った宗教者が、被災し、傷つき、痛んだ人々にいかに寄り添い支えるか、という提起がなされたのである。自らも被災した坊さんや牧師さんが報告をされ、宗教学者、仏教者、キリスト者などが寄り添いの基本を述べた。そしてその誰もが寄り添いに導くため被災者への「傾聴」の重要性を指摘した。しかし、ぼくはずっと違和感に包まれていた。

その理由は、被災した宗教者とそれ以外の宗教者の間に広がる温度差が大きかったからだ。そして、被災当事者ではない宗教者から発せられる「信仰による寄り添いは必ずできる」という自信満々な態度も気になった。これらは宗教者が「心のケア」の専門家であるという自負から起こったものだ。その自信に満ちた坊さんや牧師さんの意見を聞きながら、ぼくは震災発生直後に入った現場を思い返していた。まず、あの時あの現場には明らかに「傾聴」より支援物資が必要だった。即物的な生命活動を支えることが最優先だったのだ。同時進行で死者の処置が行われた。そこでも「傾聴」は不要だった。愛する人を失った人々は、そう簡単に心のうちを明かさない。「あなたの真実の声をお聴きします」と言っても、簡単に胸のうちは明かすことはない。しかも相手が坊さんとなれば、余計に拒絶感は深まる。死を直接視ている人間とはそういうものだ。宗教者というだけで被災者が信頼して言葉を発してくれることはあり得ない。「傾聴」とは相手のカミングアウトを聴くというものだが、信頼関係が作れていない相手にカミングアウトなど怖くてできるはずがない。「寄り添い」「支え」と簡単に言うが、宗教者本人が、いままで日常で寄り添いや支えの現場を持っていたことがあるのだろうか。スピリチュアルケアが必要といっても、スピリチュアルな痛みを「傾聴」してほしいという要望が、本当に当事者から出てくる場に遭遇したことはあったのだろうか。そんな疑問が次々湧いてきた。

シンポジウムが終わり、いつも通りの、表層的で教条的な議論に疲れを感じながら、震災から日常に戻りつつある仙台の街を歩いた。歩きながら、ぼくは宗教というくくりに固執し、宗派的エゴが随所に顕れているようでは、現場展開は不可能だろうと思った。二万人近くの人々が一瞬で死んでいる大災害に、宗教的エゴは通用しない。加えて異分野との協働に踏み込むことなど、とても望めない。異分野もおそらく、宗教者を本格的な協働相手とはしないだろう。震災発生当初から被災地に入り込んだ医療関係者やNGO・NPOなどは、被災者が何を必要としているかをまず探し、それを提供する術を心得ていた。被災者が欲している優先順位の中でスピリチュアルケアはそれほど高位にはない。もちろん急性期から復興期に移り、その需要が多くはなってくるが、現場を知らない宗教者がスピリチュアルケアのニーズに耐えうるかは心もとない。大量死に本格的にかかわるために宗教者に必要なものは現場しかない。現場から改めてターゲットを見つける必要があるだろう。

そんなことを考えながら、ぼくは夕暮れた仙台から再び入釜谷に向かった。

温泉に、いこう！

「まだ、水道が通ってないんだわ……」という声に、「じゃあ、お風呂はどうしてんの？」と鎌田さんは聴診器を当てながら聞いた。「一軒だけ山からの水が取れるお宅があって、そこにもらい湯してんだ」とE子さんは元気に答えた。「でも、気兼ねでしょう?」鎌田さんは再び聞いた。「そうねぇ」と小さな声が返ってきた。東北大学での疲れたシンポジウムの翌日、入釜谷生活センターに置かれた仮設診療所でのやりとりの一部だ。

諏訪中央病院の医師、JIM-NET（イラクへの医療支援をしている団体）の看護師やPT（理学療法士）、PCAT（プライマリ・ヘルスケア）の医師、地域の保健師などが、二〇一一年五月の初めから毎週金曜日に診療を行っているのが、この入釜谷生活センターである。ぼくはといえば、彼ら医療者の診察を横目で見ながら、隣で聞き耳を立てるのが役目。医療者に身体の不具合を訴える人々の言葉の中に、身体以外の見逃せない情報が聞こえてくることが多いからだ。

お風呂ツアーの話はそんな中から飛び出した。「わかった、じゃあ、温泉にいこう!」とぼくは提案した。すでに四月上旬、石巻市内に大きな仮設風呂を造り、毎日五〇～六〇名の地域の人々が利用している経験があったからだ。

震災直後の三月一四日から南相馬に入り、三月二五日まで二次にわたる医療支援のコーディネートを行って一旦神宮寺に戻ったぼくに、二八日、鎌田さんから電話が入った。「震災から三週間経って衛生管理ができていないことがわかった。まず風呂がない。じんさん〔彼はぼくをこう呼ぶ〕風呂、造れないかな」と。早速ぼくは松本市内で上下水道設備の会社（ルピナ中部工業）を経営している市川荘一さんに相談した。「オレはわからねえけど、若ェ衆ならアイデアがあるかもしれねェ」と言った彼は、若い社員たちに話を振った。すると一時間もしないうちに返答があった。「できるよ！」と。

二×四メートルのビニールプールを買い込み、自社のボイラーを設置し湯を沸かすというアイデアが出た。ただしそのボイラーは三〇〇〇万円もする機械の一部だという。市川さんはじめ社員は風呂造りに夢中になってくれた。

三月三一日、石巻から車で四〇分ほど内陸に入った涌谷町国民健康保険病院で、地域医療関係者の支援会議が行われた。青沼孝徳院長（当時）は、病院に隣接した町民医療福祉センターを開放し支援に入ったぼくたちの寝る場所を確保してくれた。

15000 人が利用した千人風呂

震災から三週間が経った石巻は海に近い地区の多くがまだがれきの中にあり、中央通り近辺の家はほとんど一階部分が流されていた。一階にはキッチン、トイレ、風呂という生活の基盤が置かれているのが一般的だが、そこが流されていたのだ。町会の人々は震災直後から近くの寺の駐車場を借りて仮設トイレを設置し、炊き出しを継続していたが、風呂を造るアイデアは生まれていなかった。風呂に入るには、歩いて三〇分近くかかる自衛隊の仮設風呂を利用するしかなく、待ち時間も長く入浴時間も制限されていた。

四月六日、ルピナの若い衆が一二時間かけて松本から風呂セットを運んできてくれた。そして風呂の設置が始まった。ルピナのメンバーは、山からの絞り水を水道に変え、排水を整備し、ビニールプールの風呂とボイラーを設置してくれた。七日夜、風呂はできあがった。待っていた五〇人が早速入った。ビニールシートで覆われただけの風呂は、中の声が筒抜けだ。「あー、気持ちいいー」という声を聞いた支援スタッフは思わず握手を交わし、親指を立てた。

ピースボートの若者たちはその後毎日「番台」に立ち、管理をしてくれた。松本からシルバーボランティアとして駆けつけてくれたWさんは数ヶ月間にわたる風呂番を引き受けてくれた。このように、さまざまな人々の協力によって、被災し、多くの身内を失い、生活が不自由で他人の力を借りて生きねばならない人々に、その時必要なものを用意することができたのだ。ビニールシートの中からは毎晩歓声が聞こえた。

この風呂は「千人風呂」と名付けられた。一〇〇〇人が入浴することを目標に命名したものだったのだが、その目標は簡単に達成され、二〇一一年七月末の風呂じまいまでに一万五〇〇〇人以上の人が利用した。風呂が被災者にとって心身の大きな癒やしになったのだ。

生ビールって最高の薬だ

入釜谷に戻ろう。E子さんに「この近くに温泉って、ある?」とぼくは聞いた。彼女は「道の駅に『ふたごの湯』がある」と言った。「じゃあ、そこへいこう」。話はとんとん拍子に決まった。その場でぼくは神宮寺に電話をかけ、事の詳細を告げ「すまないが、バス代の募金をしてもらいたい」と頼んだ。あっという間に二〇万円が集まり、二週間後に募金額は七〇万円を超えた。神宮寺の檀信徒が中心になり、多くの人々が支援の仲間に入ってくれたのだ。名付けて「温泉

「温泉にいこう！ プロジェクト」の送迎バスの前で

にいこう！ プロジェクト」は神宮寺独自の支援として二年以上続くことになった。

最初のバスが出たのは、E子さんと会話した三日後だった。女性ばかり一二名が参加した。「ふたごの湯」は入釜谷から三〇分ほどのところ、道の駅「上品《じょうぼん》の郷」の中にある。前日からの大雨と満潮が重なって釜谷地区は水浸しになり、道路は寸断されていた。しかし、なんとか工夫し、この小さな温泉旅は実行できたのだった。「ふたごの湯」には大きな食堂もある。あたたかで大きなお風呂に入った後は、思い思いに生ビールを飲み、食事し、ゆっくりと話をした。「生ビールって、最高の薬だ」と言いながら。

普通のおしゃべりの中から、あの日の話が突然飛び出す。そんな時、いまいるこの温泉施設は非日常でしかないことを強く感じさせられる。つまり、津波に襲われ、いのちからがら逃げ延び、多くの人の死を視、そしていまだ復興には程遠い場所に住む、という入釜谷の人々の日常の対極に、この「ふたごの湯」はあるということだ。しかし、大きな風呂、久しぶりの生ビールとラーメンに、参加した入釜谷の女性たちは次第に打ち解け、雪崩をうつように話は弾んだ。それぞれの人々のあの日の真実が乱れ飛んだのだ。ぼくはそれを興味深く聴いた。

ここには「傾聴」といったそれらしいものはない。ごく自然の成り行きや、安堵感の中で話は始まる。そこから、重要な言葉や事象を見つけ出し、相手を思いやりながら行動や方法を提示し、納得してもらえたら実行に移す。それが悲痛にあふれ、苦しみが充満した現場に入る際のセオリーだ。だが、その中で必ずといっていいほどぼくは打ちのめされ、悔いを味わってきた。でも、そんなものは当事者の悲しみ、痛み、苦しみに比べたらたいしたことではない。寄り添いや支援には、それを踏み越えようとする強固な意識を持つことが必要だ。そのことを震災は改めて教えてくれた。その教えは、ぼくの中でいま、骨の髄までしみこんでいる。

第3章 ひとりの人間に戻れる場所

辻本好子さんを見送ってしばらく経ってから、以前、イギリス、アイルランドにホスピス研修に行った時耳にした「マギーズセンター」のことを思い出した。正式には「マギーズ・キャンサー・ケアリングセンター」と言い、再発乳がん患者だったマギー・ケズウィック・ジェンクスさんの遺志により一九九六年、スコットランド・エディンバラに設立された機構であることをその後に知った。そしてマギーズセンターについて調べ始めたぼくは、次の言葉に出合った。瞬間、心が震えた。

病人ではなく、ひとりの人間に戻れる、そして、死の恐怖の中でも生きる喜びを感じられる小さな家庭的な安息所がほしい。

これは創始者マギーさんの言葉だ。たとえ病気になっても「病人ではなくひとりの人間」であること。病気になった人でも自分の生活の中で積極的に生き、それぞれの役割を果たす自分に「戻れる」こと。そして、人間であれば誰もが死への恐怖を持つという「死の(恐怖への)肯定」とともに、その恐怖の中でも「生きる喜び」を感じてもらえる場所を作りたいという強いメッセージが、短い言葉の中に込められていた。この言葉はぼくにとって魅力に満ちていた。いままでぼくが歩いてきた死があふれる旅の中で求めてきたのは、このような居場所だったからだ。そのような場所に自分の身を置いてみたい。そんな願望が湧いてきた。

ハリー・ポッターの国のデイホスピス

ぼくがイギリス、アイルランドのホスピスを初めて訪ねたのは二〇〇五年のことだった。典型的な禅坊主として「生死一如《しょうじいちにょ》」を貫き、死を「隣の家に下駄をつっかけて行くようなもの」と言い切っていた父が、最終段階で痛みに耐えきれず混乱を起こし「生死一如」を手放すほどの場面を見せつけられたぼくは、改めて死が持つボリュームの大きさと、死線を超える困難（死苦）を知ることになったのは前述した。あえて死の現場に踏み込めば踏み込むほど死の困難さは大きく立ちはだかってきた。そのことが死苦の周辺にあり理想的な抜苦を実践している場所（組織）を探す旅に出るきっかけとなった。

「ホスピスの源流、アイルランドとイギリスを訪ねてみよう。そこで死の淵にある人々とケアする人々の姿を見よう、それが一つの答えを導き出してくれるかもしれない」と思いたったのだ。

十分な英会話ができないぼくがイギリスやアイルランドを自由に行き来し、専門的な対話をするためには通訳が必要だった。しかも観光旅行ではないため、専門用語が理解できる人が必要だった。そこでヨーコ（Reid-Saruhashi Yoko）さんにコンタクトを取った。

当時ロンドンで一〇年暮らし、イギリス人と結婚して、専門看護師の資格を取るため勉強をしていたヨーコさんの母親の実家は神宮寺の檀家であり、彼女の母が嫁いだのは、神宮寺にある永代供養のお墓「夢幻塔」にご縁をいただいている精神科医師・猿橋孝雄さんの許だった。ヨーコさんは猿橋ご夫妻の娘さんなのだ。

ヨーコさんはヒースロー空港でぼくを見つけると、人ごみに向かって「ジョーン!」と声をかけた。すると、「TAKAHASHI」と書いた迎えのボードを持ったジョンが人ごみをかき分けて現れた。ジョンを一目見て驚いた。「多分ぼくより年が上だ!」。四〇歳台前半のヨーコさんとは年齢的に不釣り合いなのだ。それまでヨーコさんと結婚したジョンとはどういう人物かをぼくはまったく知らなかった。年齢も、もちろんどんな仕事をしているのかも。ただ数回ロンドンの自宅に電話をした時、対応してくれたシャキッとした声が印象的だった。その声からぼくは自分勝手に想像を膨らませていたのだった。想像していた感じとは異なったが、ヒゲ面のジョンに寄り添う少女のようなヨーコさんはお似合いだった。そしてぼくたちは空港からロンドンキャブに乗ってB&B(朝食付きのホテル)に向かった。

この時、ぼくは初めてのイギリス行きだった。およそ文明国・先進国とは縁のない場所のNGO活動に入り込んでいたから、いつも混沌とした国や荒れ放題の地域ばかり訪れていた。ロシア、ベラルーシ、インド、インドネシア、ニューギニア、カンボジア、ラオス、ヴェトナム、マレーシア、ボルネオ、フィリピン、タイといった具合だ。ロンドンのようなきれいで整然とした街はいままで見たことはない。しかし街灯に照らされ、雨で曇った町並みは、どうもすでにどこかで出合っているような気がした。見覚えがあったのだ。そうだ、「ハリー・ポッター」だ。あの通りの彼方から、闇の中をフクロウが飛んでくる。ハグリッドが大きなオートバイに乗って空から現れ、目の前に立っている。確かにここはプリベット通り四〇番地だ。到着した日からぼくはハリー・ポッターの世界にはまり込んでいた。

翌朝、散歩がてらにキングス・クロス駅にいった。暇そうにしている駅員に「ホグワーツ行きの列車が出る九と三／四番線ホームはどこ?」と聞いてみた。駅員はニヤッと笑い、「もうないよ!」と答えてくれた。

ハーリントンホスピス

ロンドン到着の翌日から行動を開始した。イギリスを訪問先に選んだのは、ホスピスの源流を訪ねるという大きな目的があったのだが、ぼくが見たい、聞きたいと思っていたことをヨーコさんはとてもよく理解し、すでにいくつかのホスピスに問い合わせをしてくれていた。期間が限定された旅には、現地での事前調査がどうしても必要だから、最高の秘書を得たような気分で幸せだった。こうしてぼくは、最初に予定された「ハーリントンホスピス」に向かった。

ヨーコさんのアパートからロンドンの中心にあるハイドパークまで徒歩約二〇分。ハイドパークから一〇分でパディントン駅に着く。そこから列車に乗って二〇分、ハーリントン駅にから、二階建てのバスに乗っておよそ五分でハーリントンホスピスに到着する。静かな環境の中に建つ、ごく普通の民家がハーリントンホスピスだった。ホスピスというと医療施設に付属

ハーリントンホスピス

した要害堅固な砦《とりで》といったイメージがある。しかもそれは死という恐怖に攻め落とされる「アラモ砦」（テキサス独立戦争の際の激戦地）のように映るから、その前に立つと余計に身が縮む。しかし、このハーリントンホスピスはまるで自然で、何の気負いもない。

チャイムを押すと現れたジョアンは、デイケアマネージャーであり、緩和ケア専門看護師でもある素敵な女性だった。穏やかな口調で語る彼女の言葉から、ぼくはこのホスピスがいかに地域に密着しているかを知ることになる。そして最初の訪問先にこのホスピスを選んでくれたヨーコさんの的確な選択眼に感謝することになったのである。なぜならこのハーリントンホスピスは理想的なコミュニティケア＋ターミナルケアのシステムを具現化したものであったからだ。

ハーリントンホスピスは、デイケア専門のホスピスだ。ホスピスは「死」と隣り合わせにあるという印象をぼくたちは持っている。末期に至り、死を目前にし、身体も動かず、痛みに耐え、呼吸も困難になり、寝たきりで……というのが一般的なホスピスのイメージなのだ。しかし、デイケアに利用者（患者さん）がにこやかに通ってくるデイホスピスがここにあった。「デイホスピス」とは、利用者さんが住み慣れた自宅での生活を基本としながら、ここに通うことによってホスピスサービスが受けられるという場所であり、日本の「施設型ホスピス」のようなものではない。イメージとしては日本の高齢者のデイサービスに近いが、ここには多種多様な緩和ケアプログラムと専門的なケアスタッフが用意され、がん患者が日々通い、緩和ケアを受けることができるようになっている。看板には「リンパ関連クリニック」という見慣れない文字もあり、手術後のリンパ系統のリハビリも行われていた。

「デイホスピス」を宣言しているハーリントンホスピスに一気に興味が湧いた。訪問当時（二〇〇五年）のイギリス国内統計では、デイホスピスは二二〇ヶ所。そしてその三分の二が病院施設に付属か内部に包含されているものであるとされている。しかしハーリントンホスピスは単独のデイホスピスなのである。ジョアンはこのホスピスが提供するサービスの概要を話してくれた。

日常生活継続の場

ハーリントンホスピスでは一週間のプログラムが立てられて、その内容に該当する人々が一日単位で訪れる。それに対して、看護師とトレーニングを受けたヘルパーが常駐して利用者をケアする仕組みになっている。

まずハーリントンホスピスは、一人ひとりのニーズにあった多種多様なケアを提供している。

ハーリントンホスピスの談話室。
ボランティア（中央）との談笑

一般的なデイサービスはもちろん、加療が必要な在宅患者へのケアサービスも行っているし、さまざまなアイデアのもとにワークショップも展開している。たとえばパニック障がいをどう克服するか（呼吸方法のワーク）とか、自分史を書くワークなど。また、娯楽などのメニュー作りやヘアメイク（あるいは理髪）、そして入浴サービスなども提供しているし、昼食の提供や町の中心部や必要な場所からの送迎も行っている。リラックスできるフレンドリーな環境で、もちろん医師や看護師による専門的なアドバイスや感情的、心理的サポートも行っている。

これらのケアサービスは毎週月曜日から木曜日、午前一〇時から午後三時半まで利用可能であり（個人の要望に添って、この時間は早まることも遅くなることもある）、曜日によってメニューが異なる。

ぼくたちが訪問したのは木曜日だった。この日の利用者は女性ばかり。しかも比較的元気なおばあちゃんたちが七名。この雰囲気はホスピスというより、日本での要支援の高齢者を対象とした介護予防に近い。しかし全員が、がんやかなり重度の慢性病を持っているという。ちょうど昼食時で、利用者さんたちは和やかな笑いがあふれるテーブルでボランティアと一緒に食事をとっていた。その間にジョアンは施設内部を案内してくれた。アートセラピストが絵画やタイルアート、陶芸などによるセラピーを行っていること、そしてそれらが利用者の「生きがい」に大きな効果を生んでいることを知った。昼食後のデイルームには穏やかな時間が流れていた。「おしゃべりはリフレッシュに効果があります」とホスピスの案内書にある通り、ここではそれぞれの人たちが思い思いのおしゃべりをしている。そして利用者さんはみな、お出かけ用のおしゃれな服装をしているのである。

ハーリントンホスピスだけでなく、イギリスのホスピスの多くは普段着、外出着を着ている患者・利用者が多い。それに加えて、ここにはヘアメイクの部屋があり、その隣にはマニキュア台までが用意されていた。ホスピスには美容院もあったのだ。つまり普通の市民の日常がホスピスにはあり、そこを訪れる人々は、日常生活を継続している人たちであり、そして（ほんの少々）病に罹《かか》っている人々なのだ。

三つ目の耳を持つ

ハーリントンホスピスは在宅ホスピスサービスも行っている。それはＮＨＳ（イギリスの国民健康保険サービス）の地域看護サービスシステムに則って行われ、地域看護師が担当する。専門の看護師による昼夜にわたるケアや、つねにケアにかかわっている家族への配慮としてのレスパイト（家族の休息を確保する）サービスは、患者や家族の安心感を増していくものであり、住み慣れた自宅での看取り、あるいは在宅での死の可能性を高めるものだと言える。

もうひとつ在宅ホスピスの特徴は、このシステムを支えているのが看護師たちであるということだ。ぼくはハーリントンホスピスに入ってから「医師」の影さえも感じなかった。ジョアンの「ホスピスは医師からある部分の権限を委譲された専門看護師〔マクミランナース〕や地域看護師〔ディストリクトナース〕、そしてアシスタントナースが動かしている」という自信に満ちた言葉の中に、ぼくは看護師の存在の大きさを改めて知ったのだった。

特にがん患者に対するケアや支援に関して、マクミランナースの存在は大きいものがある。マクミランナースはもともとマクミラン財団（Macmillan cancer relief＝一九一一年創設）が創設し、養成した専門看護師集団だ。ＮＨＳによる三年間の奨学金制度を利用してがん患者対応を学び、ＮＨＳの認定を受けて地域で活動する、がん患者のケアを専門とする看護師たちなのである。そしてその視点は、がん患者たちのクオリティ・オブ・ライフ（＝ＱＯＬ／いのちの質、生活の質）の維持にあり、そのために、医学、レントゲン技術、栄養学、そして社会学までも学ぶ。現在、がんの種類は二〇〇を超えると言われ、それぞれが異なった特徴を持つため、それらに対応する知識を持ち、がんから死に至るまでに起きるさまざまな出来事への対応を行っているのが、この専門看護師たちなのである。二〇〇五年当時、約二〇〇〇名のマクミランナースがコミュニティに散り、病院やホスピス、そして患者の家庭で活躍しているとジョアンは語った。

イギリスはＧＰ制度（ホームドクター制度）を採っていて、それぞれの地域や家庭ではつねに医療の相談ができ、往診や治療が可能な医師（GP）がいる。こうしたGPの支えがあるとはいえ、看護師たちはそれぞれが自立し、訪問看護やデイケアなどの現場で末期の患者たちのケアを実践していることは驚きだった。

ジョアンはこう言った。「三つ目の耳を持ち、彼ら〔患者たち〕が言っていることでなく、言わないでいること〔言えないでいること〕を聴きなさい」と。

病気によって、いのちに限りを感じている人々には、さまざまな問題が顕れてくる。そして患者を見守る家族、あるいは大切な人を看取り、見送った人々には、大きなストレスが訪れる。

ヨーコさん（左）とジョアンさん（右）。2005年3月

一人の死の現場は、周囲のたくさんの人々に対して、精神的に、感情的に、そして社会的に大きなダメージを与える。もっと具体的に言えば、それは遠くにあるはずの「死」が身近にあったという「ショック」であり「喪失感覚」であり「悲嘆」であり、あの時ああすればよかったという「悔い」でもある。死の周辺にはそれらが複合的に顕れるのだ。人間にはそれぞれ許容能力というものがあり、こういった状況に直面した場合、「耐える」という能力の限界には人によって差が生じる。しかし、ほとんどの人々は、近親者、あるいは愛する人との別れに、この許容能力を超えたストレスを感じる。それが心の奥底にたまり込む。

このように死の周辺には精神的・感情的な難しい問題が山積

している。しかも死に逝く人、そして看取る人それぞれに自分だけの歴史があり、物語がある。こうした人々のいのちを支えるためには、これらすべてをクリアできるような幅広いケアシステムが必要となり、それに対応できる人材が必要となる。そのケアシステムと人材が要を得た活動を展開するために、三つ目の耳は絶対必要なのだ。

ジョアンの言葉をぼくはかみしめた。ぼくは果たして「三つ目の耳」を持っているのだろうか。ぼくはこれまで死に逝く人々の口から出る言葉だけに注目し、それに対して対応していただけではなかったか。その裏に潜む、その場では決して言えない、あるいは言わないでいる言葉を聴こうとしたことがあるのだろうか……。

耳を傾けることを「傾聴」という。死の臨床ではこの「傾聴」が重要視されている。だが、死に逝く人の言葉あるいは大切な人を見送った人の言葉に耳を傾けるという行為は、じつはとても難しい。

ぼくはジョアンの言う「三つ目の耳」とは、「傾聴」をより進化、洗練させたものだと感じた。そしてこれが、死の周辺にある巨大なストレスによる精神的・感情的ダメージに対する対応の基本となっていることを知った。加えてジョアンはこうも言った。「ここに来ている人々は一人ひとり個性を持っています。それを一律に考えてはいけません。手を出す〔ケアする〕ことが大事な場合も、それをしないで自分〔ケアする側〕を止めることが大事な場合もあります」と。

神とのいざこざ

ジョアンとの対話は四時間続いた。少しも疲れることのない、あっという間の時間だった。この四時間でハーリントンホスピスの概要が理解でき、コンセプトや活動内容を知ることができた。しかし、ぼくにはまだ聞かなければならない大事な質問があった。

ハーリントンホスピスが対象としているのは、死の淵を生きる、病を持った人たちだ。そしてその人たちは人生の最後を生きるがゆえに、さまざまな苦しみと出合わねばならない。ハーリントンホスピスの究極の目的は、その人たちの「苦」の解消・緩和なのである。それが緩和ケアの本質だ。ならば肉体的な痛みの緩和に限ることなく、精神的、感情的、そして宗教的な苦しみの解消・緩和も必要になるはずではないか。その中でも、身体的、精神的あるいは感情的な部分については、専門ナースをはじめとする看護スタッフやカウンセラーがその重要な部分を担っていることがわかった。だが、それとは異質な、たとえば「生きることの意味」や「生きてきたことの意味」「いのちの行方」などに対する疑問や迷いをスピリチュアルペインだとするなら、この解消や緩和は誰がどのように担当するのだろう。

「患者さんへのスピリチュアルな支えはどうしていますか？」「その必要性はありますか？」と、ぼくはジョアンに聞いた。ジョアンはぼくが仏教の坊さんであることをすでに知っていたし、坊さんがなぜこのホスピスに来ているのかをよく理解していたから、この質問を待っていたようだった。

彼女はこう言った。「私の経験上、いままで『神とのいざこざ』を持つ人に出会ったことはありません」。何気なく語った彼女の言葉は衝撃的だった。「神とのいざこざ」とは、霊的・宗教的な問題ということである。ここではそのようなことが問題にはならない、と彼女は言うのだ。

日本におけるターミナルケアの現場に坊さんが入る場面が増えている。あるいはそういった指向性を持つ坊さんが増えていることは確かだ。彼らは臨床宗教師あるいは臨床仏教師と自称している。彼らの登場は、先に書いたように、東日本大震災がきっかけになった（コラム2を参照）のだが、それは日本仏教が衰退している現状を踏まえ、その歯止めとして活動する場所を探した末のことであるような気がする。臨床宗教師たちは「自分は宗教関係者なのだから『死』をめぐる問題に関してはプロフェッショナルだ」と思い込み、そして「いのちの終末期には、必ず人生の意義や死によって失われるものについての霊的な『痛み』は生ずるはずだ」と語る。さらには、「それをスピリチュアルペインと言い、その種の痛みの緩和は医療者には難しい」「だからわれわれ宗教者がその痛みのケアをするのだ」とも言う。しかし、死の専門家と思われているぼくたち坊さんは、じつは普段、死の本質から遠く離れた場所にいる。つまり、死の周辺に発生するさまざまな問題に触れる構造の中にはいない。そして死の間際に起こる問題とは分断された、死後のセレモニー（葬儀）だけを執行し、それにより、いかにも自分は死の専門家である、というような錯覚を持ってしまう。現行の葬儀の中だけでは死の間際の諸事に丁寧に対処し、起きてきた問題について解決する方策を探ることなどは不可能であるにもかかわらず、である。

死を視る、そして死に向かう人々のケアをするということは、その人が生きてきた「本音」に迫ることができるか、ということが勝負になる。その人が発する「本音」を聴き、あるいはあえて語らない（語れない）言葉を第三の耳で聴く努力と聴くことができる感性を磨き、その人が持つ「苦」を自分自身に置き換え、「共苦（コンパッション）」という認識までそれを高め、その「苦を」除く方法を考え、「苦」の緩和に至る道筋をつけるというところまで到達するのが「臨床」における仕事でなくてはならないだろう。もちろんそこに至るまでに、その人を取り巻く社会的問題の解決をはかり、その人のリビングウイル（生者の意思）を受け取ることができるような人間関係を作り上げることが第一歩となる。つまり、信頼関係を築くということであり、そのためには聴く側の経験と感性が要求される。しかもそれらは座学ではなく、すべて現場で学び、実践されるものなのだ。その現場に仏教の「教え」をそれらしく持ち込む必要はない。人間が人間として相対し、その人（対象者）の心情や環境を見極めながら、しかもその人の尊厳を守りながら、豊かなホスピタリティで対応することが絶対条件なのだ。葬儀というものはその流れに沿って行われるものなのである。

ジョアンの言葉は続いた。「このホスピスの組織の中に宗教関係者は入っていません。チャプレンや神父は必要なら通ってきてくれますが……」。この言葉は、いままでここでは、宗教関係者が出る幕はありませんでした、というように聞こえた。そして「ここに来ているのは告知を受けた方ばかりです。限りあるいのちを理解している人々です。その人たちは死を意識はしていますが、無意識の中に『死にたくない、もっと生きたい』というものがあります。言葉に出して言わなくてもそれは事実としてあるのです。その言葉を聴くのは私たちナースなのです」と語った。また、「本当は死にたくない自分がいます。しかしここに来て絵を描いたり、音楽を聴いたりしていくうちに、死に向かう自分と死にたくない自分が出会っていくのです」とも言った。

このジョアンの言葉はとても重みがある。ここでは明らかにケアの主役はナースたちであり、彼女たちは日常の中で痛みや苦しみを抱える患者と付き合っているのだ。そしてその中から、一般に宗教者が受け持つと思われていたスピリチュアルな痛みの緩和をも引き受けている。これではいくらがんばっても現場を知らない宗教者が入り込む余地はない。

死に向かい、生きるために必要な現実の問題から発するさまざまな「いざこざ」に比べれば、「神とのいざこざ」など皆無に等しいというジョアンの言葉は決定的だった。

安息の場所　マギーズセンター

ジョアンの言葉を聞いてから九年後の二〇一四年三月三一日から二週間、ぼくは再びヨーロッパに飛んだ。まず、スコットランドのエディンバラに入った。父の死からも辻本好子さんの死からも自分が生きてきた流儀と死の受容のギャップに苦しむ姿をまざまざと見せつけられたぼくは、深く戸惑い、対応に苦しんだ。だから死線を越えようとする人々とのかかわりを深化させたいと思った。その目的に大きな示唆を与えてくれるに違いないと思い、選んだ場所がエディンバラのマギーズセンターだった。

同行者は、萩尾信也さん、小谷みどりさん、そして辻本好子さんの次男の辻本淳也さんの三名だ。前述したように、全員が身近にあった大切な人の死を視ていた。

同行者は旅の達人たちばかりだった。したがって、エディンバラのB&Bホテルに現地集合して、解散はそれぞれの仕事の都合で随意ということとした。

左から小谷みどりさん、萩尾信也さん、辻本淳也さん

二〇一四年四月一日、暗い雲が立ち込めるエディンバラに四名が集合した。

エディンバラは美しい町だ。ぼくの小さい頃、神宮寺の夏は東京大学法学部の学生さんたちが毎年訪れ、避暑をしながら司法試験や外交官試験の勉強をしていた。その中で北海道出身のMさんは、勉強の合間にぼくとよく遊んでくれた思い出に残る学生さんだった。彼は外交官試験に合格し、最初の赴任地がここ、スコットランドのエディンバラだったのだ。ぼくはMさんに憧れ、エディンバラのことを知り、外交官になりたいと真剣に思った……叶うことのなかったずいぶん昔の夢だが、そんな

エディンバラ・マギーズセンター

憧れのエディンバラについに行き着いた。

マギーズ・キャンサー・ケアリングセンターは、造園家であり中国庭園の研究家でもあるマギー・ケズウィック・ジェンクスさんが、高名な建築家であり建築評論家でもある夫のチャールズ・ジェンクス氏とともに、一九九六年、エディンバラ・ウェスタン総合病院の敷地内に造り上げた施設である。残念ながらマギーさんはセンターの開設を見ずに他界するのだが、自身のがん体験を通じて語られた「ひとりの人間に戻れる安息所」「喜びを失わないで生きられる場所」という彼女の意志は、しっかりといまに受け継がれている。このスコットランド・エディンバラを起点として、マギーズセンターは当時イギリス国内および海外に一八ヶ所開設されていて、ぼくがマギーズセンターを訪ねた二年後の二〇一六年一〇月には、一九番目の「マギーズ東京」が日本国内で初めて誕生している。

造園研究家と建築家夫婦の創設したマギーズセンターへの賛同者は多く、フランク・ゲーリー、(故)ザハ・ハディッド、(故)黒川紀章など高名な建築家たちが各地のマギーズセンターの設計図面を無償で提供していると聞いた。また、現在の統括責任者ローラ・リーさんはマギーが通っていた病院のがん専門看護師であり、エディンバラ・マギーズの創設に携わっている。

マギーズセンターでは以下の四本のケアの柱が立てられている。

・がんなどに関する医療情報の提供
・社会的な面でのさまざまなサポート
・病気によりライフスタイルが変化する場合のサポート
・病気に伴う患者の感情変化へのサポート

このような四本柱を軸に、がん患者、家族、友人、介護者を対象としたがん相談・支援事業を中心として、さまざまなプログラムが稼働しているのだが、マギーズセンターの内部にはあたたかく柔らかい空気が流れていた。初めてこのような場所を訪ねた辻本好子さんの次男・辻本淳也さんの感性は、エディンバラ・マギーズセンターの雰囲気をはっきりととらえている。神宮寺報『未来への遊行帳』(二〇一四年・夏号)に淳也さんが寄稿してくれた全文を転載しよう。

マギーズセンターで母を視た

辻本淳也（医療通訳・翻訳家）

ぼくのもっとも身近で新鮮な「死」は、母との死別体験でした。今から3年前の初夏の頃です。乳がん再発転移に由来する末期の胃がんに苦しみ、最期はおよそ一週間の昏睡状態の後、そのまま意識回復することなく病室のベッドの上で逝きました。

もっと長生きすると思っていた母の死は、ぼくの目の前で起こった事実だったにもかかわらず、あまりに一瞬の出来事でした。……母が死んだのは今なのか、既になのか、ようやくなのか、それとも、これからなのか？……ナースコールで病室に来た医師が、まるで何かの儀式のように母の死亡宣告をするまでの間、ぼくは死んだばかりの母の傍に立って、神妙なフリをしながらずっとその事を考えていました。医師から「ご臨終です」と告げられ、直後に不自然なまでに表情の無い看護師から葬儀社のリストを手渡された際に、これまで感じたことの無い強烈な孤独を感じたことを、よく覚えています。

髙橋住職はもとより、今回ヨーロッパ視察旅行でご一緒させていただいた萩尾さんも、紅一点の小谷さんも、死に関する圧倒的な経験や職業的な強い関心、問題意識などを持っておられる専門家であり、実に非凡な方々です。ところがぼくは、この視察旅行を終えるまでは、できることなら「死」からは距離を置いて暮らしたい、あんなのはもう二度と嫌だと願う、臆病で平凡な男でした。そんなぼくが、この「死を視つめる」というテーマを帯びた視察旅行に同行した理由もまた、亡き母でした。

今年〔二〇一四年〕の春のお彼岸のことです。ふと母の墓参りに行きたくなり、名古屋から電車に乗って神宮寺を訪ねました。葬式さえ嫌がった母だったので、いつも通り手ぶらで訪れて墓前でブツブツ言うだけの墓参りを済ませてから、住職にご挨拶しに行ったところで、ヨーロッパ視察計画の話を聞き「現地で言語的なサポートもお願いしたいから、淳也くん、一緒に行かない？」と誘われました。意を決して「お供します！」と返答した際に、変な話ですが、それまで無口だった母が急に「行ってらっしゃいよ！」と言ったような気がしたのです。最近こそ機会は減りましたが、母は時おりこうして現れるのです。

視察旅行で最も強くぼくの印象に残っているのは、最初に訪れた場所と時間と人々でした。エディンバラにあるマギーズセンターを訪れた時のことです。細かな雨の降る肌寒い朝でした。前の晩遅く、ようやく無事にエディンバラの宿に集合したぼくたちは、最初の視察としてマギーズセンターを訪れました。こじんまりとしたセンターには利用者（マギーズでは「患者」ではなく「利用者」と呼ぶ）がたくさん居て、予想以上に賑やかで熱気さえありました。腰を落ち着ける場所もないほどでしたが、すぐにスタッフから椅子を勧められ、紅茶かコーヒーの好みを尋ねられました。頂いたマグカップを手に利用者に囲まれた大きなテーブルに割り込むようにして座ると、すぐに隣にいた利用者の一人が話しかけてきました。少し濁った灰色の目をしていて、きちんとお化粧をした80歳くらいの女性です。彼女は古風で上品なスコットランド訛りで話しました。

……昨日ここに杖を忘れていたから、今朝は杖を取りに来ただけだったのよ。ええ、すぐ近所に住んでるの。でもね、ここにはたくさんの仲間（フレンズ）がいるでしょう、だからついでにこうしてお茶しながらお喋りしてるのよ。アナタ、もう少し大きな声で話して下さるかしら？……病気かですって？　私の脳には腫瘍があるから、先は長くないでしょうね。でもね、だからこそ楽しい時間を過ごすのよ。ほら、あなた方もクッキーをいかが。アジアのどこから来たのか私に聞かせてちょうだい……

彼女こそが、今回の視察旅行でぼくにとっては最大の衝撃でした。と言うのも、ぼくは当初、マギーズセンターを「もっと悲壮感の漂う場所」だと勘違いしていたからです。実際のマギーズが、まさかこんなに賑やかでカラフルでウェルカムな場所だとは予想もしていなかったし、まさかマギーズで楽しい時間を過ごそうとする人たちの熱気に触れるとは、夢にも思っていませんでした。

この視察旅行についてもそうでした。死を視つめることで、ぼくが母の末期に感じたあの虚しさや悲しみが思い出されるのではないか？　ぼくの未熟な死の受容がどうにかなってしまうのではないか？……同行を決意してマギーズを訪ねるまで、ぼくはそんな事ばかり考えていました。しかし、享楽的と表現してもいい雰囲気の漂うマギーズで脳腫瘍患者の老婆と出会い、朗らかに話しかけられて初めて、ぼくは自分がとんでもない誤解をしたままヨーロッパに来てしまったことに気づくことができました。

ぼくは忘れていたのです。乳がんになったばかりの母が、楽しく余生を生きようとしていた頃のことを。抗がん剤治療で坊主頭になっても、人前ではつねに笑顔でいたことを。いつも帽子で隠していた頭を隠さなくなった心境の変化を。そして「がんになっていなかったら、アナタとこうして2人で海外旅行なんてできなかったわね」とぼくに言い「あーあ、がんになって良かった！」と言い放った時のことを。

マギーズで出会った老婆は、楽しく余生を過ごそうとしていた頃の母のことを思い出させてくれました。同時に、末期の母の悲痛な状態を見守った辛く悲しい日々が、楽しく生きようとしていた母（と）の記憶を薄めていたことにも気づきました。母の死のショックによって断絶あるいは閉鎖されていたあらゆる物事が、楽しく生きようとするマギーズのひとりの老婆によって、温かく繋げられ、解放された思いがしました。母は死んだんじゃない、生きたんだ。ぼくはその夜初めてそう思いました。

およそ2週間のヨーロッパ滞在から帰国してすぐに、神宮寺で花祭りの法要があると聞いたぼくは、また名古屋から電車に乗って母の墓参りに出かけました。母の墓前に旅の報告をして、花祭りも体験しようと目論んだのです。母には「なによ、私はついでなの？」と言われましたが、そんなわけはありません。いつも通り手ぶらで母の墓前に立ち、ブツブツと旅の思い出話をしました。

しばらく話していると、花祭りの法要が終わったらしく、神宮寺からたくさんの檀家さんたちが出てきました。いつもはひっそりと静かなお墓がどんどん賑やかになっていきます。今日は賑やかだね。とにかくね、住職のお陰で素晴らしい体験をしたよ。萩尾さんや小谷さんと出会っていろんな話をしたよ。［イギリスの後に行った］スイスはとても素敵でね、一緒に行きたかったよ。何度も何度もかあちゃんのことを思い出したよ。もう帰るね。うん、また来るから。ありがとう、じゃあね。

淳也さんの文章はマギーズセンターのあたたかさ、強さ、やさしさ、美しさをこのように描いた。がんを持ちながら生きた母を鮮やかに思い出させる場所だったというのだ。

「生きよう」とする意欲を支える

すでに述べたように、ぼくが初めてマギーズセンターのことを知ったのは、二〇〇五年のことだった。ロンドンのデイホスピス「ハーリントンホスピス」を訪ねた際に、たまたまマギーズセンターのことを耳にしたのが、今回のスコットランド行きのきっかけとなったのである。ハーリントンホスピスで対応してくれたのは、知的で行動的ながん（緩和ケア）専門看護師・ジョアンだった。彼女から聞き取ったハーリントンホスピスの内容は、ぼくにとって理想的なものに映った。エディンバラ・マギーズセンターはそのハーリントンホスピスと同じにおいがした。対応してくれたアンドリュー・アンダーソン所長の言葉が九年前のジョアンの言葉に重なった。

アンダーソン所長は「患者や家族に診断や治療についての正しい情報をわかりやすく伝え、不安や悲しみを抱える人には気持ちを吐き出せる場所を提供する。指示はせず、相手の人格と思いを尊重して支援します」とマギーズセンターの主旨を語った。アンダーソン所長のこの言葉はジョアンの言葉と一致している。ジョアンは専門看護師として医療に精通するだけでなく、患者に対する感情的・精神的な支えを行っていた。不安や悲しみを抱え、デイホスピスを訪れる人々の心の中の声を聴いていた。彼女はアンダーソン所長の言う「指示することなく、気持ちを吐き出せる場所」を作っていたのだ。

ストーブでお湯が沸く音がする。穏やかな人々の話し声がする。そこにいる誰もが人生の終末期を迎える人々の気持ちに沿った振る舞いをしている。たとえがんになり死に向かう不安を宿していたとしても、ここなら何時間でも居ることができる。

じつは今回のヨーロッパへの旅で訪れる予定の場所は、マギーズセンターの他にもあった。ぼくたちは、エディンバラから旅を始めてロンドンに南下し、ロンドン・マギーズセンターを視、その後にスイスのチューリッヒに向かうことになっていたのだ。チューリッヒでは自殺ほう助団体の「エグジット（ＥＸＩＴ）」という組織を訪ねたいという強い思いを持っていた。その後は「オランダ安楽死協会（ＮＶＶＥ）」を訪問し、アムステルダムで一九年前に安楽死した日本人女性の夫を訪ねる予定だった。そんな中で、ぼくはアンダーソン所長にどうしても聞いておきたいことがあった。

エディンバラ・マギーズセンターの中の様子

緩和ケアから自殺ほう助・安楽死へ

自殺ほう助、安楽死はぼくの意識からは遠い場所にあった。ぼくの死生観のコンテンツにはなかったのである。自殺ほう助どころか、安楽死さえ実施されないこの日本で、ぼくがかかわる具体的な生死のやりとりの現場にそれらが入り込むことはありえなかったからだ。しかし一通のメールがその意識を大きく変えた。そして、マギーズセンターを訪れる旅の中で、同時にスイスの自殺ほう助団体、そしてオランダの安楽死の団体を訪ねてみようと強く思うようになった。

それは二〇〇五年、イギリス、アイルランドのホスピス研修に同行してくれたあのヨーコさんからのメールだった。

イギリスに向かう四ヶ月前（二〇一三年一二月）、ぼくはマギーズセンターへの視察の調整をヨーコさんにお願いした。ヨーコさんは前回の旅以後、見事にNHSの専門看護師の資格を取り、ロンドンで精神障がい者の訪問看護を受け持っていた。忙しい中でヨーコさんは丁寧に対応してくれた。その中で次のようなメールが届いたのである。

Maggie's〔マギーズセンター〕はイギリス中にあります。ロンドンにも二ヶ所あります。どちらも比較的中心地にあり病院に接続しています。海外ではバルセロナとホンコンにあります。〔イギリスでは〕コンサバチブ〔保守党〕が政権をとって以来、チャリティも有料化になり、民間施設も経営を優先せざるを得なくなり、草の根団体は苦労しています。かなしいことです。イギリス全体が疲労感と絶望感におおわれています。〔中略〕今イギリスでは死ぬ権利のことが話題です。locked in syndrome〔閉じ込め症候群：脳血栓などのため、意識ははっきりしているものの手足はまったく動かせず、口もきけない状態で、眼球運動によってのみ自分の意思を伝えることのできる状態〕の患者さんが最後になくなるまで死の権利をめぐってたたかっていました。スイスではもう dignitus〔自殺ほう助組織〕が認められているので、たたかうのに疲れた人たちはだまってスイスへいってしまうようです。どちらが正しいとかではないのですが、選択肢は多いに越した事はないという事でしょうか。

衝撃的なメールだった。それはスイスの自殺ほう助に言及していたからだ。そこで語られている合法的な「自殺ほう助」にぼくは強い興味が湧いた。

ここで「自殺ほう助」と、関連する「安楽死」の概略を記してみよう。

「安楽死」には二種類ある。一つは、治療を控えたり中止することにより、患者の死を早めたり死に至らしめる「消極的安楽死」。二つ目は、致死薬を注射するなどして患者を死に至らしめる「積極的安楽死」である。

一方、安楽死（自殺）を望む人に医師が致死薬を処方することをPAS（医師による自殺ほう助）という。自殺ほう助とは当事者から依頼を受けて、積極的なサポートを行うことであり、スイスでは医師から処方された致死薬物を自ら飲むことになっている。現在、決められた条件下で積極的安楽死やPASを安楽死法として法律上認めている国と地域は、オランダ、ベルギー、ルクセンブルグ、アメリカの八つの地域（オレゴン、ワシントン、ワシントンDC、バーモント、モンタナ、コロラド、カリフォルニア、ハワイ）の一一ヶ所。スイスでは現行法の解釈により自殺ほう助が行われている。

上記の各地で死に向かう人への安楽死支援（ほう助）の方法は以下のようになる。まず、生命維持をさせない薬剤治療を行う「消極的支援」、症状を抑えるための薬剤治療の管理をし、それにより死を早めることもある「間接的支援」。さらに、重篤な病状にある患者の苦痛を止めるため致死量の薬剤を投与する「積極的支援」である。

この中で、ベルギーとオランダにおける「積極的安楽死」とスイスで行われている「依頼を受けての自殺ほう助支援」は、一定の条件のもとで処罰を受けないという制度が確立されている。重篤な患者からの深刻な要求を受けた場合、このような形の安楽死支援（ほう助）があり、安楽死の意味や内容が説明されＰＡＳ（医師による自殺ほう助）として実行される。ベルギーとオランダでは、スイスのように自ら致死薬物を飲むのではなく、医師だけが注射によってほう助することが許されているという。

スイスは安楽死法という専用法ではなく、現行法（刑法一一五条および一六二条）の解釈により自殺ほう助が容認されていて、個人的な利益のためにほう助を行うのでなければ自殺したい人への致死薬物を提供ができる。実際にチューリッヒ州には五つの自殺ほう助組織が動いているが、その中での代表的なものは、スイス在住一年以上の人を対象にした「エグジット」（＝「出口」という意味）と多くは外国人を対象にしたディグニタス（＝ギリシャ語で「尊厳」という意味）である。

ヨーコさんがぼくに打ってきたメールにある「dignitus（ディグニタス）」というのは、チューーリッヒにある自殺ほう助団体のことだ。イギリスでは、「閉じ込め症候群」に陥った人々、がん末期の耐えられない痛みに苛まれている人々などがスイスに渡り、この施設を使ったというケースが報告されている。たとえば、イギリスの著名な指揮者エドワード・ダウンズ氏（死亡当時八五歳）と妻のジョーンさん（同七四歳）は、このディグニタスで致死量の薬物の提供を受け、服用し、寄り添いながらともに人生の幕をおろした。二人は音楽家とバレリーナとして輝かしい経歴と幸せな生活を送っていたが、ジョーンさんは末期がん、ダウンズさんは高齢により視力が衰え、音楽家の生命である聴覚にも衰えを感じていたという。老いと病、そして人生のすべてをかけてきた音楽とバレエからの離脱は、二人にとって「生きる意味」の喪失につながる事態だった。それらが自ら死を選ぶことになっていった。ダウンズ夫妻は自分の「尊厳を守る」ためにこのディグニタスでの死を選んだと言われている。

「生きる意味」を失い、痛みに苛まれ、看る人もいない孤独な環境に陥った時、「それでも生きなければならないのですか？」と問う人は多い。それはぼくの父の死、そして同行した新聞記者・萩尾さんの先輩である佐藤健さんの死の間際にもはっきりと見えている。前述したように、「毎日新聞」紙面に「生きる者の記録」の連載をしていた健さんは、自身の最終末期に「鎮痛剤をもっと増やすとそのまま眠りにつけるそうです」という医師の言葉を伝える後輩記者・萩尾さんに、迷うそぶりも見せずに「それを頼む」と即答した。そして、父もまた「打ったら死ぬよ」というぼくの言葉に対して、「やってもらってくれ」と同じ言葉を返したのだった。

それはまさしく「苦しみからの脱出《エグジット》」への切なる願いだった。その願いを引き受けることは安楽死あるいは自殺ほう助と言えないだろうか？　そういうアンビヴァレンツは、ずっとぼくの中に（おそらく、萩尾さんの中にも）あった。マギーズセンターが行っている残された人生を痛みなく精一杯生きるための緩和ケアと、スイスの自殺ほう助団体が行っている苦しみからの脱出のための「死の提供」の境界と差異はどこにあるのだろうか？　ヨーコさんからの衝撃的なメールから始まった旅は、こうした疑問の答えを見つけるためのものとなっていったのである。

生死の選択

ぼくはエディンバラ・マギーズセンターのアンダーソン所長に思い切って「この後、ぼくたちはチューリッヒに向かいます。チューリッヒでは自殺ほう助の組織にいこうと思っています」と打ち明けた。そして「安楽死・自殺ほう助をどう思いますか？」とダイレクトに聞いてみた。ぼくたちが今回の旅の重要な課題として考えていた「緩和ケア」と「自殺ほう助」の差異を、それにかかわる人々が、どうとらえているのかを聞きたかった。アンダーソン所長の答えはこうだった。

「私は自殺ほう助を否定するのではなく、緩和ケアの対極にあるものともみなしません。生と死のありようは、本人が選択肢を持つことに意味があります。安楽死・自殺ほう助が死の選択を尊重するものだとすれば、マギーズセンターの活動は『生きよう』とする意欲をサポートするものです」。明快な答えだった。

ぼくはそれまで「緩和ケア」と「自殺ほう助」を二つの異なる流れととらえていた。それ以上にこの二つは対極にあるものと考えていた。それに対してアンダーソン所長はどちらを尊重するかは本人の選択によると語った。現在、イギリスでは安楽死が法的に認められていない。だが、それに代わる丁寧な緩和ケアが行われている。このような良質なケアが常時行われていれば、緩和ケアは生きようという意欲を確実にサポートしてくれるに違いないと思えた。

エディンバラ・マギーズセンターのアンダーソン所長

そんな死に方、最低じゃないか！

話は少し戻るが、自殺ほう助団体を訪ねてみたいと考え始めた頃、今回の旅の同行を申し出てくれた萩尾信也さんから連絡があった。萩尾さんは東日本大震災の発生直後、ヘリコプターで釜石に入り、およそ一年間現地に張り付き「毎日新聞」紙上で震災を書き続けた。その後書籍化された『三陸物語』（毎日新聞社、二〇一一年）は日本記者クラブ賞を受賞している。萩尾さんの視点はつねに「いのち」とともにある。ある日、ぼくが萩尾さんと別件のやりとりをしている中で、ディグニタスの話が滑り出た。萩尾さんはそれに反応したのである。

萩尾さんは「スイスの自殺ほう助の話が映画になっている。銀座の映画館でやっているから観にいくよ」と言った。映画のタイトルは「母の身じまい」。内容は次のようなものだ。

——薬物にかかわった容疑で一年八ヶ月服役したアランは、母親の家に転がり込む。しかし、それは母にとっては息子に自分の領域を侵されることになったため、二人の間で喧嘩が絶えなくなった。アランにとっても母との確執は深かった。しかしある日、アランは母が「尊厳死」を希望し、スイスの自殺ほう助団体と契約していることを知る。母は脳腫瘍の進行に伴い、自分のいのちの最期を考えた末、死に方を決めていたのだ。アランはそのような母を激しくなじる。「そんな死に方、最低じゃないか！」と。しかし母はスイスの施設に向かい、アランは付き添う。スタッフの女性が薬を調合し、母に渡す。スタッフの女性は「わたしはここでお別れします。あとは息子さんとお別れしてください」と言って部屋を出る。母は一気に薬をのみ込んだ後、息子を抱く。そして「愛している」と言う。息子は号泣しながら母への愛を告げる。そして数分後、母は息絶えていく——。

もちろん病気の進行がアランのお母さんの自殺を後押ししたのだが、死を決意する彼女には大きな理由があった。それは「愛」の不在だ。愛する人がいない母親の孤独感をこの映画は見せている。最期まで人生を生ききったという感慨よりも「愛する人の存在のなさ」が「あきらめ」につながり、彼女に自殺ほう助組織の扉を叩かせたように思う。

ぼくたちの国は、ダウンズ夫妻やアランの母親のように「死に向かう意志」を持つ人にこのような選択肢はない。そもそも自分のいのちの自己決定ができる環境にもない。法律上も不可能だ。一方、高齢になり、家族や社会とのコミュニケーションが取れなくなり、病にかかり、身体の苦痛や不快感や不便さを抱え、在宅での生活は叶わず、生きがいを喪失したまま幾多の介護を受ける人々は増えている。そのような中で、こうした苦しみが続くくらいならばいっそ「死にたい」、しかし「死ねない」という思いが交錯する患者や高齢者は少なくはない。

実際、そのような高齢者をぼくは日常で見ている。彼らの「なんとかしてほしい」「死にたい」という言葉を聞く機会も多い。だが、いままでぼくは「生きていればいいこともあるよ」とその言葉を押さえつけてきた。それがその時のぼくにとって精一杯の応えだった。でもそれは、相手の真（深）意を無視し、真剣に希望を聞こうともせず、形式的な返答をしていただけにすぎなかったのかもしれない。「生きていればいいこともあるよ」という通りいっぺんの言葉を発しながら、そこにはつねに違和感があったのも確かである。第三者としてしか相手にかかわれないもどかしさがいつもあった。そして、それは気休めに過ぎず、当事者にとっては何の解決にも繋がらないことは、じつは自分自身でよくわかっていたのだ。

生を受けたものは必ず死ぬ——それが宇宙の法則だ。そうは思っても死は怖い。その怖さを増幅するのは、越えていく死線の周辺にある痛み、苦しみ、悲しみ、絶望、不公平感、嫉妬などだ。それらの「苦」が限界を越え、そこから抜け出す手段が見つからなければ、むしろいっそ死んでしまった方が楽だと思うこともあるだろう。スイスの自殺ほう助の話は死の解決に向う（一種の）バイパスを見せてくれるかもしれないと考えた。

ヨーコさんのメールから、目的地にスイスが付け加えられることになった。そしてイギリスへ渡航するためのフライトを探した。いつも使うチャイナエアラインのヨーロッパ線を調べていると、イギリスへの直行便はないが、成田→台北→バンコク→アムステルダム（オランダ）線が目についた。安いが二〇時間以上かかる。しかしぼくはこの便を選ぶことにした。行き帰りに「安楽死」を合法化しているオランダの視察ができると思ったからだ。こうして、この旅は緩和ケア、自殺ほう助、安楽死という現代における「死線」の尖端を探るものとなるのである。

コラム3 Wanna Live（ワナ・ライブ＝生きたい）

一九九一年、ぼくは諏訪中央病院の鎌田實さんとチェルノブイリの医療支援を始めた。六年間で三六回チェルノブイリ原発事故の被災地に入り、事故によると思われるさまざまな疾患の調査と治療を信州大学医学部の協力をもとに行った。そこでぼくは多くの子どもたちの死と、母親たちの涙に出合った。九七年二月、小児白血病のアンドレイ君（当時一一歳）への末梢血幹細胞移植を行い、現地の医療が自立できることを確認したのを機に、チェルノブイリを離れた。日本から八〇〇〇キロ離れたチェルノブイリに入ることは心身両面に大きな負担を受けた。しかも子どもたちのいのちに直結する仕事であったため、疲れは甚だしかった。そこで心身のリハビリを兼ねて、インド・ベナレスへの旅を思い立った。一九九七年六月のことである。

再会する希望

死者を焼く煙が幾筋も立ち昇るマニカルニカ・ガートに座り、ぼくはゆったりしたインドの時間《とき》の流れを感じながら、荼毘《だび》の風景を眺めていた。マニカルニカ・ガートは「生と死」そして「肉体と魂」が交錯する岸辺のように見える。この世で生命活動を継続してきた肉体が、死によって焼かれ、消滅する。しかし内在していた魂は、見送る人々の前に姿を現すかのように、その存在の大きさを示しながらガンガ（ガンジス河）とともに転生《てんしょう》への流れに乗っていく。インドの生と死（肉体と魂）の姿はここベナレスのガート（河に向かって作られた階段）に如実に現れる。

ベナレスの雑踏の一角に「ムクティ・バワン」という古びた建物がある。ムクティは「解脱」、バワンは「館」を意味するが、一般には「死を待つ人の家」と呼ばれている。死を間近にした人々がインドの各地から集まり、いのちの最期をそこで過ごし、死んでいくための館なのである。マザー・テレサがその生涯を捧げたコルカタの「死を待つ人の家」と日本語の呼称は同じであり、また死を迎える人々をケアするというコンセプトも同じではあるが、「ムクティ・バワン」の場合は知名度も規模もコルカタにはおよばない。しかしこのベナレスという町がヒンズー教の聖地としてあり、またガートを降りてガンガに身を沈め、そして祈ることがヒンズー教を信仰する人々の憧れとなっている。だから最期の時をこの町で過ごし、そしてこの町で死に、マニカルニカ・ガートでシバ神の火によって火葬され、遺灰をガンガに流されることを誰もが望むのである。そこには消滅する肉体と、消滅せずに輪廻《りんね》し転生する魂の関係を大自然の中で体感しているインドの人々の意識がある。それを具現するための施設として「ムクティ・バワン」の存在は重要だ。

七二歳のランジャニ・デービ婆さんは、子どもや嫁七人に付き添われ、ベナレスから一〇〇キロ離れた村から、馬車とバスを乗り継いでムクティ・バワンにやってきた。死ぬためにこの館にやってきたのである。彼女が粗末な木のベッドで、家族に見守られながら息を引き取るのに、それほどの時間はかからなかった。デービ婆さんがムクティ・バワンに到着してから死にいたるまでの一部始終をぼくは見ることになったのだが、そこには日本で見てきた死とはまったく違った風景が展開されたのだった。

デービ婆さんに死が迫ってきたと誰もが思う頃、ムクティ・バワンの入口では三人の楽士がギータ（サンスクリット語の叙事詩『ラーマーヤナ』）を賑やかに演奏し始めた。そしてシバ派のお坊さんがガンガの水を彼女の口に含ませ、祈りの言葉をつぶやいた。その直後、デービ婆さんの呼吸は停止した。人間が死に向かう直前の、流れるような一連の儀式は、見送る家族に安堵と納得を与えるほどに整然として美しいものだった。

ベナレスのムクティ・バワン

「人間は誰でも死ぬ。だがこれはいのちのサーキュレーション（循環）の一通過点にすぎない。母はベナレスに来てムクティ・バワンに立ち寄っていのちを終え、そしてマニカルニカ・ガートで焼かれ、その灰が聖なるガンガに流された。ガンガによって母のいのちは転生する。そう信じている」と、火葬を終えた長男アカルパ・シャルマは明るくぼくに「再会する希望」を語った。そう信じる彼らの思いの根底には、悠久のインドという大地があり、そこで生まれた宗教を素直に受容できる人々の生き方があった。その生き方は死に方にもつながり、モノやカネでは決して解決がつかない宗教性や精神性として昇華し、それがベナレスの死の風景を描き出しているように思えた。

翻《ひるが》って、現代日本の死の周辺にこういった風景は見られない。日本人の死に際の多くは、精密で高度な医療機器や生きるために有効な医薬品に囲まれる。そういった状況は、いのちの糸が切れたらすべてが終わりだという切迫感を家族や見守る人々に与えてしまう。そして訪れる死を少しでも長い時間回避するという責務を医療者に強要することになっていくのである。いのちは物理的にはたった一つのもの、という認識から「延命」への執着が生まれてくるのかもしれないが、こういったところから「再会する希望」は生じてこない。

コルカタからベンガル湾を飛び越し、マレー半島を越えるとバンコクに到着する。ガンガという大河のほとりでインドの人々の死に出合った直後、ぼくはタイの大地を流れるチャオプラヤ河畔で、今度はエイズを発症し、死の淵を彷徨うたくさんの人々と出会うことになった。

開発僧《かいほつ》

二八歳のワーンは苦しそうに深い息を吐いた後、呼吸を止めた。一九九八年三月、タイ・バンコクから北へ一七〇キロ、古都ロッブリー郊外の寺（プラバートナンプ寺）にあるエイズホスピスの粗末なベッドでワーンは死んだ。身体はガリガリに痩せ、全身の皮膚にはカンジタ（カビの一種）がへばりついていた。

ムクティ・バワンの視察を終え、帰途立ち寄ったバンコク・ドンムアン空港で当日の英字新聞の一面が目に止まった。そこにはＡＩＤＳの文字が大きく印字され、一人の僧侶の写真が掲載されていた。それがアロンコット・チカパーニョ師であり、新聞は彼のＨＩＶ／エイズ支援を記事にしたものだった。ぼくはその記事に興味を持った。そこで急遽帰国を伸ばし、空港からタクシーを拾い、ロップリーのプラバートナンプ（タイの人々の発音はパバナンプと聞こえる）寺に向かった。

プラバートナンプ寺は境内にHIVに感染した人やその家族が暮らす多数のコテージや、エイズを発症した患者たちの最終病棟（通称・エイズホスピス）を持っていた。

当時、住職のアロンコット師はこの寺でエイズを発症した人だけでなくHIV感染者やその家族の生活を支え、彼らを差別から守り、毎朝患者たちの間をめぐり、一人ひとりに短くも適切なアドバイスを与えていた。アロンコット師の存在は、痛みや苦しみや孤独感を増していくエイズの末期患者には大きな光明になっていた。その姿は、ぼくにはホスピスにおける仏教者の典型的なスピリチュアルケアと映った。すでに述べたように、当時のぼくは病院や在宅で最期を迎える患者さんのベッドサイドに寄り添うことを仕事の一つとしていた。しかし、そこにはどうしても自分自身で納得いかない何かがあった。だからこそアロンコット師の姿に魅力を感じたのである。

プラバートナンプ寺のエイズホスピス

タイ仏教は上座部仏教と言われ、出家修行者個人の解脱（悟り）を追求し、それが成就した時、出家修行者の存在自体が一般の人々への仏教的感化をおよぼすとされるシステムとなっている。そのために修行者（坊さんたち）は二二七もの戒律（坊さんとして守るべき規範）を遵守し、それを厳しく守るがゆえに人々から尊敬され、喜捨（＝タンブンという）を受ける。

戒律の中には修行成就のために、出家者として社会生活と交渉を持ってはならないというものもある。つまり社会がどのように困難な事態に陥っていても、お坊さんは手を出してはいけないということだ。しかし、一九九〇年代、タイの情勢は高度経済成長の波が一気に押し寄せ、さまざまな矛盾があらわになり始めていた。ぼくがタイに入り始めた一九九七年には、アジア一帯で通貨危機が起こり、タイの通貨・バーツは下落していた。その結果、タイ社会の基盤をなしてきた農村共同体は崩壊し始めた。加えて、九〇年代初めからＨＩＶの感染爆発が起こり、共同体の崩壊に拍車をかけていた。そのような社会情勢の中で動かざるを得ないと判断した坊さんたちがいた。彼らは目の前にある喫緊の課題であるエイズや貧困、自然破壊などにアプローチし行動を起こし始めたのである。その坊さんたちは「開発僧（プラ・ナック・パッタナー）」と呼ばれた。

空港から思わずタクシーに飛び乗り、アロンコット師に会いにいったのは、ぼくにとって大きな意味があると思ったからだ。その後、その寺でぼくは死を待つだけの患者たちと何日も寝食をともにした。そしてアロンコット師が実践している死に向かう人々への対応と仏教が社会の諸問題といかに切り結ぶかを学んだ。

生きたい

ワーンに話を戻そう。死の三ヶ月前、立ち上がることもできないほど衰弱したワーンは、軽トラックの荷台に乗せられてこの寺の門前に着いた。彼女を降ろした車は土ぼこりを立てUターンしていった。運転していたのはワーンの父親だった。エイズを発症した娘を父親は捨てたのだ。

ワーンはバンコクの歓楽街パッポンの踊り子だった。外国人相手の踊り子はセックスワーカーになるケースが多い。彼女もそうだった。

一九八〇年代の初め、HIVポジティブだった一人のアメリカ人男性がタイの玄関であるドンムアン空港に降り立った。その日以降「史上最強の病」はこの国で猛威をふるい始め、一九九七年には推定一〇〇万人（タイの人口は当時およそ六〇〇〇万人）がHIVに感染したと言われている。しかも感染者のほとんどが生産年齢層だった。感染原因の大部分が性交渉によるものであり、売春に寛容なタイ社会がHIVの温床となっていたからでもある。ワーンもその中の一人だった。

死の二日前、少しでも痛みを取ろうとマッサージをするぼくに、ワーンは絞り出すような声で「ワナ・ライブ（生きたい）」と呻《うめ》いた。この日、病室では九人もの患者が死んだ。ワーンは目の前で死んでいく人々を視ていた。死への最終段階を否応なく見せつけられていたのだ。自分もそうなる、という確信の中で彼女は「生きたい」と言ったのである。

親や家族に見放され、心身の不調や苦痛は増し、自分がこれから迎えるであろう死を見せつけられる。いのちの最期に訪れた残酷な状況の中で、それでもワーンは「生きたい」と言ったのだ。

いま（二〇一八年）、ぼくはチェンマイに住んでいる。HIV感染した女性たちを支援するNGO活動をワーンが死んだ直後から始めて二〇年が経った。現在は活動から身を引いているが、この街にいる理由の一つには「生きたい」というワーンの最期の声がぼくの耳の奥底に残っているからだ。

死ねる場所はありませんか

二〇一七年一月の寒い日のことだった。静岡県在住、六七歳の男性Kさんは、死ぬ場所を探してさまよった挙げ句、ぼくが住む浅間温泉にたどり着いた。そして通りかかった夫婦に「死ねる場所はありませんか」と自殺の意思を打ち明け、その夫婦の計らいで神宮寺にやってきた。ちょうど昼時、スタッフと一緒にあたたかいうどんを食べたKさんは、死に向かう理由をポツポツと語り始めた。

Kさんは数ヶ月前、ひとり暮らしの部屋で転倒し、ろっ骨を折った。それが原因で、立て込んでいた仕事（技術設計）ができなくなり、ノイローゼ気味となった。社長に話すと「やるのか、やらないのか」と問われ即答を求められたという。Kさんはその言葉に怖じ気づき、ついつい「辞めます」と答えてしまった。それ以後仕事を求めたが年齢制限もあり、どこにも雇ってもらえなかった。会社の寮にいたがそこも出なければならなくなり、事情があって家族とも疎遠になっていたため、Kさんには居場所がなくなった。所持金も底をつき、自殺を考え始めた。静岡を出て四日目、松本には何度か来ていたこともあり、知らず知らずに足が向いたのだという。Kさんはうつむきながら、「こんな状態で生きるより、死んだ方がどんなに楽か」と涙声で言った。

希死念慮《きしねんりょ》により神宮寺を訪れる人はいる。ボリュームの大小はあれ、「死にたい」という言葉を何度も聞いた。そのような場合、ぼくは本当にそう思っているのかどうかを問うことはしない。「いただいたいのちじゃないか、大切にしなさい」と説教めいた言葉なども発しない。本当に追い込まれ、死に向かう、あるいは死しかないという意識を持つ人に、説教や仏の教えは生きる意欲を喚起するものにはならないからだ。だから、できるだけその人の生きてきた過程を静かに聴くようにしている。Kさんからも聞いた。そして、旧知である静岡の福祉関係者に相談して、地元の福祉機関へつなぎを入れた。

生きる手段

Kさんには生活保護受給と生活困窮者自立支援制度の利用についての道筋を説明した。「死へは一本の道しかない。けれど、生きるためにはいくつかの道がある」と、生きるための現実的な方法を示したかった。彼が考えられなくなっていた、生きるための問題点の整理とそのための具体的な手段を提示したいと思ったのだ。それを聞いたKさんは「死にたくない、本当は生きたいんです」と言って泣いた。

彼は本当に「生きたい」と思っていたのだ。ただ、生き続けるための手段を知らず、選択すべきものが何もない状態になっていただけなのだ。静岡の友人の名前と電話番号、相談すべき機関を記したメモに加え、静岡までの電車賃を渡した。電車賃は「自立を目指して、余裕ができたら返してよね」と付け加えて三万円を渡し、それと引き換えにKさんのバッグの中にあった首吊り用のロープとナイフを預かった。松本駅まで送り、夕暮れの雑踏に消えるKさんの姿を見送った。彼の背中にはわずかながらだが、希望が見えた気がした。

その日の夜、Kさんから電話があった。「ありがとうございました。遅かったので静岡まで帰れず、いま岡崎のホテルに居ます。明日は必ず福祉事務所にいきます」と。その電話からも一筋の希望の光が感じられた。しかし、Kさんの消息はその電話を最後に途絶えた。

Kさんと出会った二日後、ぼくはタイに向かった。二〇年にわたりHIVに感染した女性たちの就業支援をしてきたNPO「アクセス21」の仕事でチェンマイに入ったのである。

チェンマイ二日目の夜、自宅から電話が入った。静岡の警察から連絡があり、Kさんが遺体で発見されたという。自殺だった。ぼくが渡したお金が入った封筒と紹介のメモ、そしてKさんが生きる手段を見つけるために目指した生活保護のパンフレットが遺体の横に遺されていたという。見送る時、彼の背中に見えたはずの希望は、どこで、なぜ消えてしまったのだろうか。「本当は生きたいんです」という言葉が、むなしく耳奥に残った。

生者の悔い

Ｋさんの死後一ヶ月ほど経った夜、電話があった。「Ｋの娘です」と名乗り、「お世話になったことを警察から聞きました。ありがとうございました」と言った。ぼくはＫさんとほんの数時間会って話をしただけだ。だがその中で彼は「家族とはまったく交渉を持っていない」と言っていた。自ら家族との関係を断ち切っているように思えただけに、娘さんからの電話には驚いた。娘さんは行方不明になった父に会いたくなり、最近父の住む場所を探し当てていた。だが、行き違いがあり会えなかったと言う。彼女の言葉からは「悔い」が感じられた。だが、父親の死という出来事によって引き起こされた悔いは、生前の父との和解を生んでいったかのような印象を受けた。でなければぼくに電話などしてこない。

父親と最後の会話を交わしたのがぼくだった、と彼女は思ったようだ。もしもそうなら娘さんに最後のやりとりを正確に伝えなければならない。そう思い、Ｋさんとの会話の一部始終を話した。電話の向こうで娘さんの嗚咽《おえつ》が聞こえた。

翌日、娘さんから「父の供養をお願いできないか」という電話があった。四九日法要とともに、神宮寺の永代供養の墓に入れたい、Ｋさんのいのちの痕跡が残る神宮寺に遺骨を納めたいと言うのである。そして数日後、遺骨となったＫさんは四人の関係者とともに神宮寺にやってきた。娘さんはＫさんの遺体の横に置かれていた遺書と福祉事務所から受け取った生活保護のパンフレットを見せてくれた。そこにはＫさんの筆跡で赤字の書き込みがあった。

遺書には次のような記述があった。

「家賃／電気／ガス／電話料／通販／通販キャッシング／宅配水／市県民税／介護保険がすべて未納」。そして「収入の予定なし。もうだめだ」と付け加えられていた。

また、生活保護のパンフレットの中にある「相談・申請から決定までの流れ」には日にちの書き込みがあった。事前相談一月一二日（神宮寺に来た翌日・相談当日）。保護の決定二月一〇日。生活保護費の支給二月一三日。事前相談をしながらKさんは、現金が支給されるまでの一ヶ月間の生活を予測したに違いない。「それまで待てない」、そんな思いをこのページは語りかけているように感じた。

いま、生活保護受給については問題が噴出している。給付する側にとっては、たとえば不正受給に対する一般市民からのクレームに対処するために、生活保護受給者の審査を厳しくし、義務を強く言う。生活保護を求める一人ひとりの生活環境は異なるのだが、その生活の中まで見通せないというジレンマが、厳しい審査を強いることになる。だから審査の中で丸裸にされる……対象者はそう感じる場合もあるという。「人間の尊厳」を破壊されたと感じる人もいるだろう。

「収入の予定なし。もうだめだ」と遺書に書いたKさんの場合、生活保護は生きるための制度であったはずだ。権利として受け取れるはずの、「死ななくてもいい」現実的な救済制度だったはずだ。だが、その相談・対話の中でKさんの生きる意欲が削がれていったことがわかる。

仮にKさんに給付金が支給される見込みがあり、それによって死への道を自ら閉ざすことができると思ったとしよう。だが、そのためにはKさんの尊厳を自ら放棄しなくてはならないのだとしたら、どうだろうか。生き続けることで、苦にまみれる状態が再び襲ってくることになるかもしれない。その不安は大きい。死の淵を覗き込みながら、迷い悩んでいるKさんの姿が見えた。

セルフ・ネグレクト

Kさんが「死にたい」と言って神宮寺を訪れた頃から、ぼくはいくつかの特徴的な死に出合っていた。前年の一一月半ばに孤独死したBさんは一ヶ月後、自室のごみの中に埋もれているのを発見された。Bさんは思い込みが強く、近隣の人々との関係性も良好ではなく、近くに住む妹さんとも疎遠になっていた。Bさんのような生活環境は、自分自身に対する関心を失わせ、生きることを放棄する傾向（＝セルフ・ネグレクト）を生み出す。自分で料理をした形跡はなく、洗濯機も使われていない。Bさんが生存の証を残していたのは一ヶ月前の日付が打たれたコンビニのレシートだけだった。コンビニ弁当の食べ残しとビニール袋が散乱する自室が彼の生活の場であり、死の現場ともなったのである。妹さんからの連絡でBさんの自宅に向かったぼくが見たのは、両足をネズミにかじられ血だらけになっていた姿だった。Bさんの遺体を整え、棺に移し神宮寺に運び読経した。このように、どんな厳しい状況の遺体でもぼくや神宮寺スタッフは必ず手をかける。必要であれば清拭し、着替えをし、遺体を運び、棺におさめる。

真夏、車の中で排ガス自殺した男性は六日目に発見され、検死の後、縁のある神宮寺にやってきた。ビニールシートにくるまれただけで全裸の彼は腐敗が激しく、すさまじい死臭を発していたが、ぼくとスタッフで作務衣《さむえ》に着替えをし安置した。

普通、坊さんが搬送や安置、清拭などで死者に手をかけることはない。それは葬儀社の仕事だと思い込んでいるからだ。だがぼくは自分の手に死者の重さ、わずかに残る温かさを感じ取ることで、その人の人生の一部、遺族の悲しみの一部を肌で感じることができると思うから遺体とそういうかかわり方をしている。

Bさんの死の直後、松本は気温が急に下がった。氷点下一〇度以下の厳寒の中、八三歳のYさんが亡くなった。自室での凍死だった。認知症により夜中に自分の布団を這い出したことが死因だった。家族が同じ屋根の下にいたのだが、認知症のためストーブが危険だということで消されていた。

経済的困窮、家庭的不和、社会的孤立、認知症、依存症や抑うつ……これらが生きようとする意志を阻害しセルフ・ネグレクトを増長させていく。そして情報の欠如や情報の誤った取得によって生ききる手段や選択肢を獲得できない人々が多く現れる。その先にKさんやBさん、Yさんのような死が訪れることになる。いままでぼくが立ってきたのはそのような、手を抜くことができない現場だった。

第4章 死に手をかすということ

「Good Job!（でかした！）」という言葉が萩尾信也さんの口から出た。チューリッヒ二日目のことだ。

朝食に遅れてきた小谷みどりさんが「『アルプスの少女ハイジ』の作者〔ヨハンナ・シュピリ〕のお墓がこの近くにあるので探しに行ってきたけど見つからなかった。でも、日本では考えられないお墓がいっぱいありますよ」とさわやかに言ったからだ。小谷さんはおそらく日本一お墓に詳しい「お墓研究者」であり、その情報量は半端ではない。そんな場所、観光旅行だったら絶対に行かない。しかし、今回のぼくたちの目的からすればこの墓地発見は「Good Job!」だった。

早速全員でお墓ツアーとなった。公営の火葬場をバックに、無数のお墓が並んでいた。シンプルながら個性的な墓石、壁に埋め込まれたロッカーのようなお墓、多くの遺骨を埋め込める広大な芝生の広場……。ちょうどその時、芝生墓地に納骨に来た家族がいた。芝生墓地には墓石も十字架もない。ゴルフ場のパターグリーンにホールを掘るような機械で骨壺分の大きさの穴を掘り遺骨を埋め込んだ後、芝を戻す。広い芝生の下には無数の遺骨が埋まっているのだが、人々はその上を気持ちよく散歩している。

萩尾さんは、納骨を終えた家族に早速インタビューを始めていた。同行三人は豊富な海外経験があり、それぞれの専門分野を持っている。それに加えさまざまな特技の持ち主であることが一緒に旅するうちにわかってきた。

死への脱出口に立つ

その日の午後、地図を見ながら歩く小谷さんが、ある建物の前で足を止めた。「Good Job!」今度はぼくが叫んだ。今回の旅の最大の目的地とも言える自殺ほう助組織「エグジット」を彼女は地図だけで探り当てたのだ。見知らぬ外国の地図が読める……小谷さんはこんな特技も持っていた。じつはチューリッヒにある自殺ほう助組織「エグジット」と「ディグニタス」の視察訪問に関して日本から電話とメールでアポを取ったのだが、すべて断られていた。チューリッヒに到着してもそれらの組織が受け入れてくれる確証はなかった。だが、小谷さんの動物的カンと地図読みの能力が、ぼくたちを「エグジット」という「死苦からの脱出」の扉の前に立たせてくれた。

チューリッヒにある「エグジット」の外観

住宅地に建つ白い四階建ての建物には小さく「EXIT」という表記があった。「まるで、『突撃！ 隣の晩ごはん』みたいだね」と苦笑いしながら、ぼくはピンポーンとインターホンを押した。するとなんと「出口(＝エグジット)」の扉が開いたのだ。現れたのは、一九七〇年代日本に二年間住んだことがあるというエグジットの統括責任者ハンス氏だった。ぼくたちは日本人として初めて「出口」のドアの中に招き入れられたのである。

二〇一四年時点で、スイス（人口約八〇〇万人）には「エグジット（ドイツ語圏分野）」「エグジット・ADMD（フランス語圏分野）」「ディグニタス」「Exインターナショナル」「ズイジッド・ヘルフ」（＝「自殺ほう助」の意）の五つの自殺ほう助団体があるが、ぼくたちが扉を叩いたのは「エグジット（ドイツ語圏分野）」だった。一九八二年に創設されたエグジットには、ドイツ語圏分野とフランス語圏分野を担当する組織がある。双方ともNPO組織であり六万二〇〇〇人の会員を持ち、そのうちの五万人がドイツ語圏分野の会員となっている(当時)。エグジットの会員は一八歳以上でスイス国民あるいはスイスに一年以上居住する人と規定されている。

一方、チューリッヒにはディグニタスというもう一つの有名な自殺ほう助組織がある。今回訪問はできなかったが、多くの資料によりその内情がわかってきた。

ディグニタスは一九九八年、弁護士ルードヴィヒ・A・ミネリ氏によって設立され、がん末期などの耐えられない苦痛を持ち、人生に終止符を打ちたい人々のうち、自国では法律によってそれが不可能な外国人の自殺を積極的にほう助している民間組織だ。その点がスイス国民・居住者だけを対象とするエグジットとは異なる。

ただし、エグジット、ディグニタスとも医療機関でもクリニックでもない。会員登録し、条件が満たされた時、医師によって処方された致死薬が提供される。そしてそれを自ら飲むか、あるいは点滴のコックを自ら開ける……その行為が「自殺」なのであり、その状況に至るプロセス、たとえば聞き取り、インフォームドコンセント、致死薬の提供、ダイイングルーム（死のベッド）の提供、死後の処理などのサポートを行うことを「ほう助」と言うのである。

死への手順

ハンス氏

エグジットにおける自殺ほう助の全体像が統括責任者ハンス氏との会話と、彼から提供された資料によってわかってきた。それをもとにしてスイスの自殺ほう助を見てみたい。エグジットの資料「死への手順書」によれば、その全体像は以下のようになっている。

まずエグジットに会員（年会費三五～四五スイスフラン／約四〇〇〇～六〇〇〇円）登録し、エグジット担当者と面談する。会員は一八歳以上でスイス国民、スイスに一年以上の居住者に限られる。取り返しのつかない段階に来ている不治の病気、障がい、緩和できない苦痛を持つ人たちが対象となる。

面談の際、ほう助者はなぜその人が死を望むのかの理由を知るために、患者自身だけでなくその社会的環境も調べ、医療の状況や生活状況を聞き取る。これは双方の信頼関係を築くためにも重要なことだ。この時、明確にすべきことは、まず本人の精神状態が安定していること。経費は自分でまかなえること。さらに他の人の意志ではなく本人が強い意志を持ち、長い歳月にわたって強く確かに死を望んでいること。そして本人の願いによってそれまで行われたすべてのセラピーの可能性が使い果たされていること、などである。

エグジットは処方箋が必要な鎮痛睡眠剤の投与を提案する。もし主治医が処方箋を書くことに同意しない場合はその判断は本人に任せられるが、エグジットのネットワークにある信頼できる医師に本人と連絡を取ってもらい、本人がやはり必要であると判断したらその医師に主治医の同意を得て処方箋を書いてもらうことができる。また、薬剤師は乱用を避けるため本人ではなく、医師、エグジット、ほう助助手に直接薬剤を手渡すことになっている。

患者は死ぬ日を自分で決める。誕生日を選ぶ人が多いと聞いたが、延期しても、中止しても構わない。自ら死を望む当人が立会人の前で自殺同意書にサインすると、ほう助者が一〇～一五グラムの溶かしたバルビツル酸の入ったコップを手渡す(三～五グラムが致死量)。その際、吐き出さないように反催吐剤を最初に服用しておく。コップに溶かした薬を飲むと、数分で痛みなく昏睡状態に入る。その後呼吸が止まり、例外なく再び意識を取り戻すことなしに死に至る。

この時の立会人はほう助の担当者とは別の第三者が務める。エグジットは親族友人の立ち会を認めているが、できれば家族が心の準備なしに立ち会うことは避けたい、ということだった。いずれにせよ、それらをどうするのかは、最終的には死に逝く本人が決定する。ちなみに立会人は親族・家族・友人が九〇パーセントにおよび、その他には医師、宗教者、別のほう助者などが務めていると聞いた。

ほう助者は死亡を確認すると警察に連絡する。その後、スイスの警察および保健所は犯罪防止のためあらゆる不審死、病死以外の死因について検証する。以上が、「死への手順書」の内容だ。

この手順書の冒頭には、「この行為は慎重を期すべきもので、軽々しく実行されるものではない」と明記されているが、この世で生きてきた人間が自らの意志で死線を越える姿を、そして死に逝く人に手をかすほう助者の存在と役割、立ち会う家族や友人の「その時」の姿をリアルに想像させるものとなっている。

ハンス氏はほう助者の資質についてこう語った。

「ほう助者は、死に逝く人の傍らに立ち、本人の願いが叶えられるよう、また不測の事態が起きないように見守る役割を果たしています。それだけでなく医療関係者と協力し合い、身体・精神両面でその家族を支えなければなりません。ほう助者は医師ではなく素人ですが、人としてこの仕事に対する経験を重ね学習をする責任があります。このことはチューリッヒ心理学研究会によって作成された、エグジットのための適性検査においても確認されています。すべてのほう助者がこの検査を受けなければならず、ほう助者には十分な研修がなされています」と。

死のドゥーラ(Doula)

「死」のほう助者の存在と資質を考える場合、いのちの誕生の際のほう助者にも言及しなくてはならないだろう。もともと、人間はひとりで生まれ、ひとりで死んでいく。だが、誕生に際しては、つねにそれを支える人々がいる。カナダや北欧では「ドゥーラ(Doula)」と呼ばれる人々が注目されている。出産経験のある女性が、周産期（産前・分娩・産後）の母子ケアにボランタリーにかかわり、新しいいのちの出発点を支援するのだという。

一方、いのちの終焉期の多くにはそれがない。死への過程に寄り添い、死の周辺の問題を解決しつつ、「よく生きたね」と旅立ちを支え、「もう逝っていいんだよ」と死を励ましつつ見送り、そして遺された人々をケアする……そういった存在、つまり「死のドゥーラ」はわが国にはほとんどいない。しかし近年、死の質（QOD／クオリティ・オブ・デス）を求める動きが始まり、看取りの場に入る人々が現れてきた。たとえば、宮崎市でホームホスピス「かあさんの家」を主宰する市原美穂さんや岡山県で一般社団法人・日本看取り士会を創設した柴田久美子さんたちだ。市原さんの「かあさんの家」は、民家を借り上げて、一人暮らしが困難ながん末期の患者さんや、病を持つ高齢者などのための暮らしの場所を提供し、そこに訪問医療・介護などにかかわる外部関係者と協働して、看取りまでを支えるという事業を行っている。また柴田さんの日本看取り士会では、訪問看護師や介護士とは別に「看取り士」を派遣して、最期の時を迎える人に付き添いを行っている。

じつは一九九七年、在宅ホスピス医・内藤いづみさんと諏訪中央病院院長（当時）の鎌田實さん、そしてぼくの三人の鼎談からできあがった『ホスピス　最期の輝きのために』（オフィス・エム）の中で、ぼくたちはすでにこのことに触れている。その頃からぼくは看取りの重要性を感じ、諏訪中央病院のホスピスで、何度か末期の人々と最期の時を過ごす中で、これを仕事とするなら何という職名になるだろう、と考えていた。内藤さんが鼎談で「人間が生まれる時に『助産婦（師）』がいるように、死ぬ時も『助死婦（師）』がほしい」と言ったことに、ぼくはハッとした。そうだ、助死師だ、と。それが「死のドゥーラ」という言葉に惹きつけられた理由だ。

誕生は希望、死は絶望と思われている。絶望であればこそ、死に逝く人に寄り添う「死のドゥーラ」は必要になる。しかし、「死のドゥーラ」は死に逝く者の「苦」にドゥーラ自身が射ぬかれる。そして死に逝く人との「共苦」が強いられる場面も出現する。それは、生半可な仕事ではない。かつて仏教はそういった困難な仕事を行っていたはずだが、いま、仏教界はそのような意識も勇気も使命感も失っている。「死のドゥーラ」……それはぼくにとっては、とても魅力的な仕事として映る。だが、エグジットにおける自殺ほう助者の立場や責務を知った時、自分自身のかかわりの甘さに、絶句するしかなかった。

スーサイド・ツーリズム？

ほう助者は殺人と自殺のグレーゾーンにかかわっていることを、エグジットは強く認識している。スイスの法律・刑法一一五条（一九四二年施行）、同じく一六二条（一九九八年施行）では「自己の営利のために他者を自殺に至らしめ或いは自殺ほう助したものは遂行未遂に拘らず五年の懲罰とする」とある。これは言い換えれば、営利目的でなければ罰せられないということになる。行為そのものが罪に値しないなら、協力者も当然罰せられない。この法はほう助にあたる個人も団体も規定していない。また病気の最終ステージのような状況に対して適用することも制限していない。

スイスは国家や州の選択にかかわる諸案件を「住民投票」で国民に投げかけることが多い。チューリッヒでは二〇一一年、「自殺ほう助」「安楽死」についての住民投票が行われ、八五パーセントが賛成票を投じている。一九四一年から安楽死を認めているスイスの人々は圧倒的多数で現状維持、つまり「自殺ほう助」「安楽死」の存続を求めたのである。こうした住民投票が自殺ほう助を可能にするスイスの法解釈とともに「人権には死に方を自己決定する権利も含まれている」とするスイスの人々の意識の発露となっている。エグジットは「自己の営利のため」でなければ自殺ほう助を行っても懲罰の対象にならないという法解釈と住民の支持をバックに活動を展開しているのだ。

自殺ほう助はボランタリーな行為であるとエグジットは考えている。このことはエグジットの自殺実施費用にも見られる。ぼくたちが訪ねたエグジット（ドイツ語圏分野）では、会員になって三年経過した人の自殺ほう助実施費用は無料。三年未満の人は九〇〇スイスフラン（約一〇万円）だという。また、エグジット・ADMA（フランス語圏分野）では実施費はすべて無料となっている。詳しく確認はできていないが、チューリッヒの自治体がほう助に関して一部の経費負担をしているとも聞いた。

エグジットはスイス国民および一年以上の在住者のみが利用者となり、ディグニタスは利用者の多くがスイス人以外であるということは先に述べた。自殺ほう助団体の情報をぼくにメールしてくれたロンドンのヨーコさんによれば「生きるための闘いに疲れた（イギリスの）人々がだまって（死ぬために）スイスにいってしまう」というのだ。つまり、安楽死ができないドイツ、フランス、イギリスなどから多くの人々がスイスに死ぬためにやって来る、ということになる。ディグニタスはこの現象を「スーサイド・ツーリズム」と呼んでいる。ディグニタスのルードヴィヒ・ミネリ会長が意識的に使い、マスコミが取り上げ、ヨーロッパ各地に広がった言葉だとぼくは聞いた。

エグジットの自殺ほう助実施費用がほぼ無償化されているのに対して、ディグニタスは通常で九〇〇〇スイスフラン（約一〇三万円）。死後手続きなどをディグニタスが行う場合は一万五〇〇〇スイスフラン（約一二〇万円）になると言われている。このことからディグニタスには金銭的な醜聞が絶えない。また、外国人が（死ぬために）出入りすることに地元の反発が強いと言われる。ぼくが取材の申し込みをした際も、利用者ではないことがわかるとシャットアウトされ、以後一切の連絡が絶たれた。

「スーサイド・ツーリズム」というネガティブな言葉が蔓延する中で、エグジットのハンス氏はスイスの近隣、特にドイツ、フランス、イギリスに対して、国内で安楽死を迎えることができるよう環境条件を整えることを望みたいと語った。

死の自己決定

「医療に関する事前指示」については、すでに辻本好子さんとのかかわりの中で書いたが、エグジットはこの点においても先駆者と言える。事前指示書は近年注目され、必要性が叫ばれてきているが、エグジットではすでに一九八六年、事前指示の責務について著名な法律家ケラー氏を責任者に充て、革新的な意見を発表している。

「事前指示は合法的であり拘束力を持つ。医師は事前指示が患者の現在の実際の願望と一致しないことが証明された場合のみ離脱することが許される。また立法化したことにより第三者に事前指示が実行されるのを確認させることができる」のだと。

二〇〇〇年、事前指示の書類に記入したのはスイス国民のわずか六パーセントだけだったが、その後いくつかの州で法令として事前指示遵守が確立され、記入者数は増加している。

前述したように、事前指示は事故や病気により意識を失った患者が、自分の気持ちを表現できない状況に陥った場合を想定したものである。その点についてハンス氏はこう語る。

「事前指示は望まない生命維持装置から患者を守り、また患者の終着点（死の方法）を自ら決めることができるものです。それは無用な苦痛に満ちた死の延期プロセスから患者を守るものでもあります。そして、これによって患者の代理人に患者からの指示が達成されたかどうかを見届けるように命じることができます。医療に関する事前指示書は、オルタナティブな観点から、もっとも親しい家族ではない者が医師との話し合いに加わることができる重要な書面です」と。


自殺ほう助の実施には、多くの踏み越えていかねばならない条件が存在する。事前指示書はその困難な条件を踏み越える重要なファクターとなっている。だから、事前指示書を書く意味への理解、定着への啓発、そして人々の意識の醸成が不可欠なのだ。このような苦労を厭《いと》わず、難問を踏み越えていく基盤には、病に苦しむ人々の権利意識がある。そのことをハンス氏は次のように語っている。

「意識があり、確かな自覚と判断力を持つ患者は、初期段階において自己決定のもととなる幅広い情報を理解しやすい言葉で知らされる資格があります。スイスでもドイツでも、患者は提案される治療方法やすでに行われている治療方法を拒否する資格を有しています。またエグジットの会員としてほう助者を求める資格を有しているのです」と。

そしてこの権利意識は、痛みに苛まれた際の「自己決定」へとつながっていく。じつはエグジットの核心は「痛み」に遭遇した患者の、この「自己決定」を引き受けるところにある。ハンス氏はこう言う。

「どのくらい私たちは組織的な身体的痛みに耐えられるか、また、死に瀕してどのくらいそれを受け入れる用意ができているのか。それは自分自身の性格、これまでの生き方、さらには生きてきた環境、生活ぶり、医療、ケアの状況に関係しています。そしてとりわけ一番大きな関係性は、自分の愛情やこだわりです。この点に関してユニバーサルな正当基準はないと思います。また個人の価値観を他者に押し付けることもできません。だから必ず自己決定すべきです。そして、もし自己決定を最優先に考えるなら、その決定権を持つ判断力を備えた患者に対して、痛みを主体的に査定する権利、痛みを治療する権利を認めるべきでしょう」

自分自身に組織的な肉体的痛みが襲ってきた場合、いったいどこまで耐えられるのだろうか。それが激しい痛みである場合、ぼくには耐える自信はない。典型的な禅僧として「生死一如《しょうじいちにょ》」を言い続けた父でさえ、痛みによって壊れていったのだから。また、ぼくも普段は「死は宇宙の法則」とわかったようなことを言っているが、いざ、死が痛みを伴って目の前に顕れた時、その受容がすんなりできるとはとても思えない。

ハンス氏は自分が生きてきた環境や生き方、そして愛情やこだわりを保持しながらも、そこから醸成された価値観を他者に押し付けるのではなく「自己決定」しなければならないと言っている。だが、痛みの査定、痛みの治療に関してのはっきりとした意識や選択肢がない日本で、確固とした自分自身の価値観というものが生まれにくい国民性の中で、ハンス氏の言うような

「自己決定」はとても難しい。

ハンス氏の論は、痛みを抱えた、あるいは生きることに行き詰まった状態での「自己決定」へと進んでいった。

「今日、スイスと同様に『生きることについての権利は基本的人権である』としている国は多いと思います。成人が職業選択、結婚、子どもを持つことについて自己決定権を有することに疑いを持つ人はいません。たとえその決定が不合理であったとしても、法律に反しない限りは許されるのです。現在七〇パーセントのスイス国民〔ドイツでもほぼ同じ割合〕が、病院かナーシングホームで亡くなっていきます。在宅の場合も、受けるケアの状況は変わりません。その中に、心を込めたケアを受けていても、回復の見込みがまったくなく、その状況が続くよりも痛みのない死を願う人は確かにいるのです。誰も明確な意識を持って、この願いを拒むことはできないだろうと私は思います。そのような場合の自己決定として、自殺ほう助という選択肢を持つ人がいるのです」

加えてハンス氏は、自己決定から自殺ほう助に向かう核心を述べた。

「でも、自己決定は必ずしも素早く自殺ほう助が遂行されるべきだということを意味してはいません。私は自己決定はさらなる医療サポートを求めていると思います。高齢の患者に課せられる医療ケアのコスト高を考えながら、満足できる解決のための納得できる手段を提供する実践力が求められているのです。そうしてこそ自己決定は確かなものになります。しかし、たとえば、高齢で回復の見込みがなく、多数の病気〔目や耳が不自由、動脈硬化、麻痺などの症状の複合〕を抱えて、質の高い人生〔QOL〕を願うことができず、どうしても生き続ける意味が見出せない場合。このようなケースにおいて、告知を受けた患者自身が、その状態で生きることを望まず、それに耐えることも尊厳を持ち続けることも不可能であると判断したならば、私は最終ステージまで待つことは冷酷なことだろうと思います」

そしてハンス氏はこう結論づけた。

「最善の解決方法の見出せない、長く続く苦痛を終わらせるアシストは、何もしないことよりも人間的であると思われる場合もある」のだと。

すべり坂

ある一つのことが認められてしまうと、それに対する抵抗感が薄れ、なし崩し的に周辺の別のことまで許容されてしまうことを「すべり坂(スリパリースロープ)」現象という。

ぼくたちがヨーロッパに発つ直前の二〇一四年二月一三日、ベルギーでは一八歳未満の未成年にも安楽死を認めるという法改正が行われた。未成年の安楽死には「耐え難い苦痛を伴う病」「治る見込みがない病」「自発的で熟慮されている」「事前指示書がある」「複数の医師が認めている」という条件が必要とされる。これは成人の場合と同じだ。しかもベルギーでは七五パーセント近い人々がこの法改正に賛成している。

しかし、ぼくは一八歳未満の子どもたちの「自発的で熟慮されている」という部分にひっかかる。リアリティの少ない「死」について、未成年者が自発的に熟考して安楽死を選ぶことなどできるとは思わないからだ。隣国オランダでは未成年の安楽死は一二歳以上に規定しているが、ベルギーでは年齢の制限を設けてはいない。それは極端に言えば、乳幼児でも可能だということだ。これはつまり、本人の意思ではなく、他人の意思が入り込む隙間が開いたことになるのではないだろうか？　成人の安楽死から未成年者への安楽死容認……これは「すべり坂」に踏み込んだと言えないだろうか。

今回の旅でぼくたちは、オランダのNVVE（オランダ死の権利協会）も訪ねている。人口一七〇〇万人のこの国で「安楽死」を人生最期の選択肢として自己決定した一五万人が会員登録している巨大組織である。統括責任者・ペドラ女史は「三〇年かけて議論を重ね、二〇〇一年に安楽死容認の法律が成立しました。個人の尊厳と権利を尊重することに重きを置く国民性が、死の自己決定を可能にしたのです」と言う。

安楽死に通底する考えは「人間の尊厳の保持」だ。しかし、その「尊厳」の定義や確立はとても難しい。「尊厳」を隠れ蓑《みの》にして、オランダでは本人の同意なしに安楽死に導かれている患者がいるとも聞く。精神疾患の患者が、医師のアセスメントも治療もなしに安楽死させられているとも……。安楽死は「クオリティ・オブ・ライフを維持できない」と判断された障がいを持って生まれた新生児、認知症ではあるが終末期ではない患者にも「無益な治療は中止する」という主旨のもとに広がる可能性はある。オランダはまた、事故などで重度の脳障害を負った患者たちを受け入れる病院・施設や緩和医療施設・施策が減少しているという。「緩和ケアより安楽死、救急医療の充実より安楽死」という死への流れが見えている。背景には、その方が医療費が安くすむという別の事情も透けて見えるような気もする。まさにヨーロッパの安楽死容認国は、危険なすべり坂を急速に転がり始めた感がある。

ハンス氏もまた、そのすべり坂の上にいるのだろうか？　彼はこう言う。

「自己決定は、利己主義による自殺への無料チケットであってはならないし、また誰をも傷つけたり危険に陥らせてはなりません。すべり坂の危険性については何度も述べられていますが、私もまたこの心配を矮小化してはならないと思います。そのすべり坂の向こうには、最悪のクレバスが口を開けています。無知のまま、あるいは間違った情報を与えられて人々が操られると、すぐにクレバスに落ち込んでしまうのです」

では、そのクレバスに落ち込まないためにはどうしたらいいのだろうか？　ハンス氏はそのためのガイドラインを列挙した。彼によれば、クレバスに対する有効な武器は五つあるという。（1）過去数世紀の権威信仰に対して、目を覚まし批判する力を持つこと。（2）何事にも捉われず、自主的に考え自由に行動すべきことを学んだ人々に頼ること。（3）倫理、透明性、明確な目的、指示、制御できるプライバシーを尊重すること。（4）自殺ほう助についての教育と選択における厳格な基準を持つこと。（5）医師と医師以外の人たちの連携を図ること。

少なくともハンス氏の言うこのガイドラインを満たさない限りは、すべり坂をすべり、クレバスに落ち込むことを防ぐ手立ては見えてこないということになる。

死に逝く部屋

エグジット施設内には死に逝く部屋（ダイイングルーム）がある。ゆったりとしたベッドを中央に、壁面には旅立つ先を描いたかのような抽象画が飾られている。オーディオセット、キャンドル、お香も備えられ、静かによどみなくいのちを終える環境が整えられている。ここでどれだけの人々がいのちを絶っていったのだろう。しかもその人たちのほとんどが、意識なく知らないうちに死の世界に移行したのではなく、自ら死の扉を開き死線を踏み越えていった人たちなのだ。そして、この世での痛みや苦しみを完璧に取り除く代わりに、この世のさまざまな関連性や執着や誘いをすべて断ち切り、捨て去った人たちなのだ。

「自己決定」とはいうけれど、その覚悟は半端ではない。ぼくは死のベッドを見つめながら、自分がそこに横たわり、いまさに致死薬を飲むというシーンを想像してみた。もちろん、いまのぼくには飲めないだろう。身体を貫く痛みもなければ、辛くてたまらない状態で生きているわけでもないからだ。

そんなぼくを見透かすようにハンス氏はこう言った。「私た

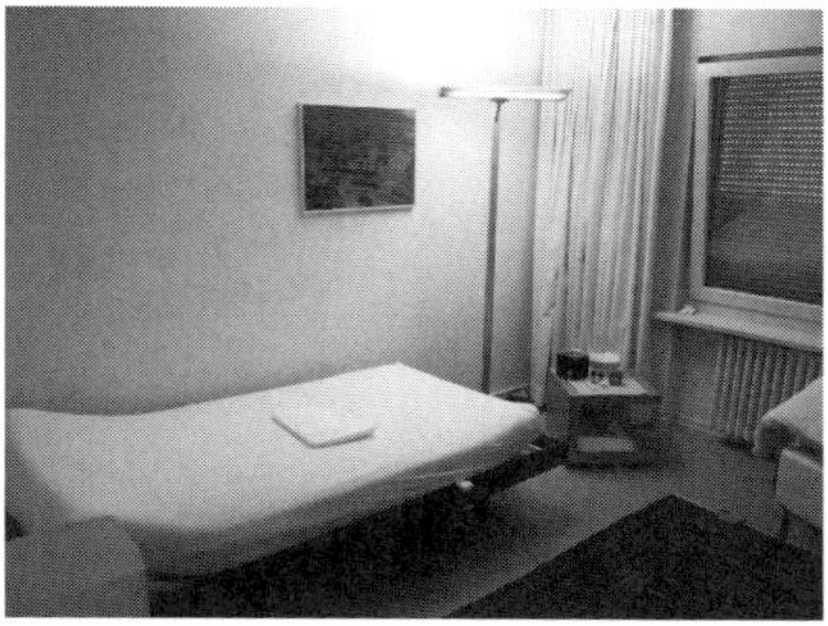

死に逝く部屋（ダイイングルーム）

ちは自殺ほう助を耐え難い痛みを緩和するための選択肢の一つと考え、緩和ケアの延長線上にあるものと位置づけています」。そして続けて「直接的な痛みや苦しみを持っていない人でも、将来的に持つ可能性はあります。もしもそうなった時の『保険』のつもりでエグジットの会員になっている人も多いのです」と。なぜかわからないが、ぼくはこのハンス氏の言葉に少し安堵した。

ぼくたちが訪問した前年（二〇一三年）、エグジットに申し込みがあった自殺のほう助依頼はおよそ八〇〇件。実行されたのはそのうちの約半数だったという。残りの半数は病気が悪化して亡くなったり、迷いながらも中止を決めた人々であると聞いた。ぼくはこの割合にも少し安堵した。

エグジットはヨーロッパが保持・醸成してきた国民性の中にある「自己決定」の考えを、死を媒介として鮮やかに浮き立たせている。生きるとはどういうことか、生きるための「尊厳」とは何かを考えぬき、死に至る周辺の整備を完璧に行い、人々の賛同を得たうえで、いのちの最期に自殺ほう助として介入する（死に手をかす）という手法を採っている。しかし、日本の中では自殺ほう助の存在など知らない人がほとんどだ。ましてやその意思や内容、本質や手順など知るよしもない。環境として根付くことのない「自己決定」、「尊厳」の在《あ》り処《か》が見通せない社会構造……。この日本では安楽死・自殺ほう助が議論に至るまでには相当の時間がかかりそうだ。

仕事の関係でエグジットを視た後帰国し、オランダには入らなかった小谷みどりさんはこう明言した。

「日本人は『死』を残された者（生者）の視点で論じている。それではいのちに対する個人の尊厳や自己決定は根付かない」と。

その言葉に見送られ、三人（萩尾さん、辻本さん、ぼく）はオランダに向った。

あと十分で逝きます

ロブさんは言葉に詰まった。泣いていた。いまから二一年前に安楽死を選択した日本人の妻・靖子さんの最期を語り始めた時のことだ。オランダ・アムステルフェーンの自宅の居間からは、日本庭園が見えた。そこは靖子さんが旅立った部屋だった。ぼくたちは、今回のヨーロッパの旅の終わりに、オランダのロブ・ネーダーコールンさんの自宅を訪ねた。

一九七二年夏、靖子さんはペンフレンドだったロブさんとロンドンで初めて会った。ロブさんの誠実さに魅かれた靖子さんはロブさんを愛し、その年の一二月、結婚するためにオランダに渡った。ロブさんは高校の英語教師、靖子さんは日本人学校で音楽を教えながら二人の子どもを育てた。

一九八七年、甲状腺にがんが見つかった。手術や放射線治療など考えられる限りの治療を続けた。しかし九七年、骨転移したがんの末期症状による痛みの責め苦は全身に広がっていった。

ロブ・ネーダーコールンさん

その年の七月から八月にかけての一二日間で、症状改善・緩和のための手術が三回行われている。靖子さんにとっては、すさまじい生への闘いだったが投げ出すことはしなかった。この闘いは自分のためだけではなく、最愛の夫・ロブのためであり、子どもたちや彼女を支える友人たちのためでもあったからだ。だが、手術前から彼女はロブさんと死についての考えを深く交わしている。手術という選択肢もその中から導かれたものである。

死の五日前(九月一二日)、靖子さんは日記にこう記している。「もちろん回復に向けて全力をつくすけれど〔中略〕意味のない希望と失望の間を行き来し、功を奏さない手術や治療にいどまされるほど苦しいことはない」と。そして手術後(九月一五日)、より激しい痛みと不快感の中で靖子さんは「恐れることなく、深く心落ち着いた状態で、感謝しつつ、幸福の中に逝かせてください。どうか、躊躇《ちゅうちょ》することなく、笑顔で送ってください」とロブさんに伝えている。夫婦の間に「安楽死」選択による確実な死が見えた瞬間だ。

九月一七日。二人の子どもや駆けつけた友人との別れのパーティーを終え、ロブさんは靖子さんと居間に二人だけになった。事前に記していた「安楽死の要請書」に基づき医師によって致死薬がうたれた。靖子さんを見送ったロブさんは、隣のキッチンにいた子どもたちにそのことを伝えた。娘の菜菜は居間に飛び込んだ。「ママー！　起きてーっ！」、絶叫が聞こえた。

靖子さんの文章をもとに秋岡史さんが編んだ『美しいままで』（祥伝社、二〇〇一年）にはそうある。

絶対的な信頼と深い愛、そして互いに人間としての尊厳を守りきろうとする二人が決めたいのちの決着点がそこにはあった。

「わらにもすがるような思いで助かる術を探し回り、手術も幾度か試みましたが回復はしませんでした。そして壮絶な痛みの中で、靖子は『心が折れてしまう前に、人生を終えたい』と強く願うようになりました。もちろん、迷いはありました。でも、靖子は自分の病状も知らずにがんで亡くなった姉の最期を悲観して、『自分の最期は自ら決める』という思いを募らせ、私はそれを尊重しました」

「私たちは、痛みや死について、深く語り合った。そして、お互いの考え方を理解し、不安や恐れを分かち合った。だから、靖子の息が止まった時は『これで、良いのだ』と感じたし、キッチンで待機していた子どもたちや靖子の友達には『みんなで祝福して欲しい』と声を掛けた」（萩尾信也「あと十分で逝きます。ありがとう。」『未来への遊行帳』二〇一四年・夏号）

涙を無造作に手で拭いながら、ロブさんはそう語り、靖子さんの日記を見せてくれた。最後のページには「あと十分で逝きます。本当にありがとう」という走り書きがあった。

『美しいままで』のカバー袖には、二〇一四年に亡くなった、作家であり医師でもある渡辺淳一さんが次のような推薦文を寄せている。

「日本人で、自ら安楽死を求めて実行された例が、オランダに在住していた、五十二歳の女性であったことに、衝撃を受けるとともに、深い感銘を覚えた。もし不幸にして不治の病になり、苦痛が激しいとき、人間らしい終焉を迎えたいと願うのは、誰しも同じことである。だが現在、日本ではこの種のことは正式には認められず、ごく一部で、それらしいことが暗黙のうちにおこなわれているのが、実情である」

人間らしい終焉を迎えるとはどういうことか。そういったことを誰しも願うものなのか。そして「ごく一部」で「暗黙のうち」に、いったいどんなことが行われているのか……。そんなことを考えるうちに、友人の医師の言葉が再び甦ってきた。

「いま、死の臨床にかかわる医療者は、患者の死のストーリーを作り上げねばならなくなっているんじゃないか。終末期医療において、医療者の側からも家族の側からも、患者をやさしく死なせる、それが『納得できる死＝いい死』だという概念が作り上げられてしまっているんじゃないか」

渡辺さんの言う「暗黙のうち」とは、このような形でうやむやのうちに「納得できる死」に向かうルートマップが作られていることを意味しているように思う。ヨーロッパとは異なる、曖昧な安楽死観は否めない。ぼくたちはいま、安楽死の本質から外れたバイパスを走り、先の意味とは別の「すべり坂」に踏み込んでしまったのかもしれない。

渡辺さんは推薦文の末尾に「この書は、日本人的な曖昧な精神風土に一石を投じるとともに、個人の尊厳、そして美しく生きるということについて改めて深く考えさせてくれる」と書いている。

さよなら世界

「老齢や苦痛や貧窮や投獄がわれわれ人間に与えうる、どんなつらい、どんないとわしいこの世の生活だって、この死の恐怖にくらべればまるで楽園だ」。シェイクスピアの悲喜劇「尺には尺を」の中で、死刑宣告を受けたクローディオはこう叫ぶ。

ブリタニー・メイナード（当時二九歳）さんは、結婚後一年で悪性脳腫瘍が見つかり、二〇一四年四月、医師から余命六ヶ月と告げられた。その後、彼女は夫とともにカリフォルニアからオレゴンに移り住む。なぜならアメリカでは当時、オレゴン、バーモント、ワシントン、モンタナの四州だけが「尊厳死法」のもとにPAS（医師による自殺ほう助）を認めていたからだ。先にも触れたように、PASとは、（がんなどの）肉体的・精神的な苦痛により死にたいと願う患者が、医師から処方された致死薬を使って死ぬことが認められている法制度だ。対象者は余命六ヶ月以内、二名の医師によって病状が確認された自己決定能力がある成人に限られる。このような条件を満たしていた彼女はPASを選択し、自分の生命を自分の手で閉じるためPASが許されていないカリフォルニアからオレゴンに移住した。

YouTube に登場したメイナードさんは「普段、夫と使っている寝室で死ぬつもり」「夫と母が傍らで見守ってくれる中で死にたい」「薬を飲むまで生きていることを楽しみたい」と、彼女自身の決断と希望、そして自分の死へのデザインを淡々と語っていた。YouTubeの映像は同時に、幸福の絶頂にあった結婚式の彼女をも映し出した。彼女のウエディングドレス姿は、近々に訪れるであろう死との落差をよりリアルに感じさせていた。

この映像はYouTubeにアップされて以来、三日間で五二〇万回再生され、「尊厳に満ちた死の自己決定」という賛同と「自殺の美化」という正反対の声を世界レベルで沸騰させた。しかし、耐え難い苦しみの中で、彼女は死の淵に立ち、死を選び、衝撃的な方法で死ぬことをカミングアウトした。そして死への一里塚を着実に歩み旅立っていったのである。

ぼくは多分、彼女のようにはなれない。先のクローディオの「死の恐怖」を乗り越えられそうにないからだ。いまのぼくなら、厭わしいこの世にしがみついて生きることを選んでしまう。

メイナードさんは一〇月二六日、夫の五〇回目の誕生日を祝った後、一一月一日、二九年の人生を自らの意志で閉じた。

死ぬ前、彼女はこんなメッセージを残している。

「この世界は美しい場所です。旅は私にとって最も偉大な教師でした。最も偉大な支援者は、親しい友人や仲間たちです。こうしてメッセージを書く間にも、私のベッドのそばで応援してくれています。さよなら、世界」（AFPBB News）

このメッセージを聞いた瞬間、二一年前オランダで安楽死したネーダーコールン靖子さんが、夫のロブさんと最期を過ごした部屋が目に浮かんだ。厳しい病に苛まれ、苦痛の極限で靖子さんは安楽死を決めた。旅立ちの日、二人の子どもや親しい人々がその部屋に集まり、別れのパーティーが開かれた。靖子さんは親友が握ったお寿司を食べた。ロブさんが口に運ぶと靖子さんは「［お醤油の］つけすぎ」と言って小さく笑ったという。

致死薬が打たれ、旅立つ寸前、靖子さんは夫のロブさんに手を握られて、「ありがとう」「また一緒になれるよ」と言葉を交わし合ったと聞いた。ロブさんは「注射が打たれると、靖子はまるで人形のように目を閉じ、呼吸を止めた」と靖子さんが亡くなっていった部屋でぼくたちに語った。死に逝く大切な妻の傍らで、寄り添い見送るロブさんはどんな思いだっただろうか。

靖子さんの死の光景がメイナードさんと重なり合う。メイナードさんの死の瞬間が鮮やかに見えてしまうのだ。しかもそれは、ぼくがいままで何度も立ち会ってきた死とは明らかに異なった、壮絶だがやけになまめかしいものだった。それは「いのち」を自分のものとして「自己決定」に導くエネルギーが基盤にあり、いつ訪れるかわからない死によってこれ以上のものを奪われたくないという強い意思があり、人々の支えに対する感謝があり、そして愛する人との思い出をその人の腕の中で感じながら旅立てるという愛があるからだ。メイナードさんは死への一里塚を夫とともに歩き、一足先に死線を越えたような気がする。

一一月初旬、新聞各紙の論説・社説は一斉に「死」を扱った。一一月一日に死んだメイナードさんの衝撃がそうさせていた。

各紙の論調はほぼ同じだった。まず、「尊厳死」「安楽死」「自殺ほう助」を定義したうえで、二九歳でほう助を受けて死を選んだ彼女の背景に触れ、なぜそれが可能だったかを述べ、次に現在、医師による自殺ほう助が許されている国の事情と日本の現状との差異を国民性による死生観が異なるからだと論じた。つまり、欧米における安楽死は個人主義をベースにした熟成された「自己決定」能力によるが、わが国にはそういった風潮（国民性）はない、と。そして多くは、死は個人的なものではあるが、いのちは脈々とつながり、膨大な関連性を持っているのだから「自己決定」のみを優先して「勝手に」死んでもいいのか、との疑問を投げかけていた。それは、いつも通りのファジーで切迫感のない論法への帰着だった。

また、宗教系新聞の社説は次のように書いた。「米国の女性が自殺を選ぶまでに、その心身つまりいのちの苦痛にもっと寄り添うことはできなかったのか」（「中外日報」一一月七日）と。

これは宗教者が彼女の自殺に至るまでに寄り添わなかった、という苦言を呈した記事である。だが、伝統仏教に関して言えば、いのちの苦痛に「寄り添う」態勢などほとんどできていないのが現状だ。儀式専一で社会対応ができない仏教界は、死の淵に追い込まれ、苦しみの極みからギリギリの選択をしなければならない人々の気持ちなどに配慮するには至らない。だから寄り添いはカタチばかりのものとなる。甘い感傷だけでは死の周辺に起こる問題の解決はできない。加えて「安楽死」「自殺ほう助」についての具体的で詳細な意味や内容を知らないから、このことを論じようもない。「無知のまま、あるいは間違った情報を与えられて人々が操られると、すぐに「すべり坂から」クレバスに落ち込んでしまう」というエグジットのハンス氏の言葉を思い返してほしい。

「いのちを支え」、そして「死を支える」ためには、とてつもない労力と知力、そして覚悟が必要となる。そればかりではなく、さまざまな技能を持った人たちとの協働、そしてしっかりした情報収集能力、システム構築が必要になる。それらを実感したのが、スコットランドのマギーズセンターから、スイス、オランダへと飛んだ今回のヨーロッパの旅だった。そこには力強く「いのちを支える」体制があるとともに、予想をはるかに超えた「死を支える」体制、そして「死に向かう」体制も確立していた。そこから見れば、メイナードさんの死にかかわる日本の諸説はあまりに幼すぎるように思える。

こうしてぼくたちのヨーロッパへの旅は終わった。

コラム4

お布施

流通大手企業のイオンが葬祭事業を始めたのは二〇〇九年のことだった。イオンのカード会員（国内二八〇〇万人と聞いた）および一般消費者に向けて「お葬式」がショッピングセンターの棚の上に商品として並んだのである。お葬式が目に見える形で「売られ」始めたわけだ。

イオンがお葬式を売り始めたのは、全葬儀の八〇パーセント近くが葬儀社のホールで行われるようになってきた頃のことである。当初、イオンは一九万八〇〇〇円から一四九万八〇〇〇円まで七段階の葬儀を売り出していた。全国の葬儀費用平均が二〇〇万円以上と言われていた時期のことである。

二〇一一年、ぼくは龍谷大学の公開シンポジウム「葬儀の今を考える　あなたはどう見送り、見送られますか」にシンポジストとして参加した。同じ壇上にはイオン葬祭を指揮する広原章隆さん（当時イオンライフ事業部長／現イオンライフ株式会社・代表取締役社長）がいた。広原さんは冒頭、イオンが葬儀に参入するきっかけについてこう語った。「一般のビジネスをやっている私にとっては、葬儀の世界というのは非常に不明瞭だなと感じました。いわば一般のビジネスでは考えられない、二〇〇～三〇〇万円というお金が出るにもかかわらず、見積もりもとらずにいきなりやってしまう。でも『高いかな？』と思いながらも、現金でポンと払ってしまう。車を買うくらいの値段が、まったく見積もりもなく、比較することもなく行われることに、非常に不思議な感じを受けました」と。

これは葬儀を経験した人々の多くが持つ感覚だ。だがそのほとんどは「高いな」と思いながらも現金で葬儀費用を支払う。広原さんは、現行の葬儀が企業原理・理念とかけ離れた不明瞭なものであることを感じ、明瞭で納得のいく価格で、心のこもった葬儀サービスができないかと考え、「イオンのお葬式」を作り上げたという。

丸投げ

「イオンのお葬式」を買うということはどういうことなのだろう。

まず、高齢や病気で、葬儀が予測される身内がいたとする。インターネットの「イオンのお葬式」のホームページを開き、希望内容・費用のお葬式を選び、それを事前に買っておく。そして、その方が亡くなった時、イオンと特約・提携している全国で六〇〇を超える地域の葬儀社が葬儀を取り仕切る、という仕組みになっている。

一般の葬儀社は、それぞれが業界慣習に則った葬儀の売り方をしている場合が多い。その中で特徴的なものが「セット売り」である。

葬儀社のセットの中身に大差はない。たとえば松本市内でイオンと特約していない葬儀社のセットに入る品目を例に取ると、「枕飾り一式／線香・ロウソク／ドライアイス／役所手続き／棺／棺布団／納棺セット／納棺立ち合い／遺影／祭壇／立て看板／位牌セット／受付所一式／葬儀仏具一式／焼香設備／司会進行／生花持ち帰り仕様／収骨骨壺セット／霊柩車／火葬場用花束／後飾り祭壇／式場使用料／仏前用本膳／会葬礼状／設営管理費」の二五項目がセット化され、価格は七〇万円。単品売りはしないからそれぞれの単価はわからない。しかも七〇万円で葬儀が完結すると思ったらそうはいかない。セットに含まれない経費、およびグレードアップの場合の追加費用が発生することになっているからである。たとえば、A葬儀社の場合、「病院からの遺体搬送／納棺花／火葬場控え室料／通夜会場使用料／通夜室使用料／精進落とし会場使用料／通夜料理／火葬場料理／精進落とし料理／寺院用食事／七日膳／返礼品／奉仕料」など一〇項目以上がセット価格に含まれない別精算となっている。

セット費用は会葬者の数に大きく影響されることはないが、それ以外は会葬人数により流動する。たとえば、八〇〜一〇〇名の会葬者があった場合、通夜振舞いや精進落としなどの料理、お香典の返礼品などを足していけば、セット価格以外で一〇〇万円以上の費用がかかり、トータル一七〇万円を超えるということになる。セット料金のからくりはここにあるのだが、それを見抜ける人は少ない。

その点「イオンのお葬式」は明瞭で（消費者が）納得いく価格基準を設定するため、葬儀用品の一品、一品に明確な価格を付けている。広原さんは「イオンの常識で言うと、一つ一つの商品に値段を付けるというのは当たり前で、セットで販売するのは正月の初売りの福袋くらいのもの。それも最近は透明の袋で中身を明示しないとなかなか買っていただけない」と言う。これが一般社会の常識であり、消費者の納得を生み信頼を得るやり方だと思う。

もともと葬儀は家が社会に向けて行うセレモニーだった。各家が世間的な義理を果たす場であり、香典という相互扶助のやりとりをする場でもあったのである。また、大きな葬儀を行うことで家の権威を見せつける場になることもあった。そしてそれにはお金と手間がかかった。手間は地域の人々が担うことが多かったが、地域のカタチが変化するにしたがい負担を感じる人が多くなった。そんな時、お金さえ出せば葬儀のすべてを取り仕切ってくれる葬儀社が現れた。喪家は飛びつき丸投げするようになった。丸投げとは細かいことにかかわらず、少々高くても文句は言わず、世間並みにできればいい、そのためにすべてお任せする、というものだ。葬儀はそう頻繁に起きるものではない、しかも葬儀準備から儀式全般に、過去からの慣習や地域のしきたりなどが付随してくる。それらを喪家がすべて心得ているわけでもない。そんな場合は葬儀のプロに任せた方がいい、という考えも丸投げの動機となった。だからいちいち単価を詮索することなく、セット買いをすることになる。しかも社会に向けての体裁が働くから、少し高くても豪華なセットを選ぶ。それが喪家の心理だ。だから高くなるのは当たり前。イオンがお葬式を売り始めるまでは、売る側と買う側の間には一般社会の経済システムとはかけ離れた「不明瞭」な事実が横たわっていた。

お布施って何だ？

モノを買うという衝動は、欲しいから、必要だから起こる。それによって自分や自分の周辺に何らかの便利さや気持ちよさが得られたり、状況の改善につながったり、いままで持てなかったものを手に入れたという満足感に浸ることができる。お金は（対価として）そのために払われる。これは商売・取引の大原則である。

だが、カタチとして明らかに見えるモノがない、満足度を推し量る基準がない、しかもそれが高額で、支払いをしても満足・納得が得られない場合、対価という構造は消え去る。「お布施」はその典型だと言える。

イオンは二〇一〇年五月、葬儀事業の中で葬儀を執行してくれる「寺院（お坊さん）の紹介」を始めた。たとえば菩提寺を持たない人や故郷を離れて長い年月が経ち、菩提寺とも縁が切れている人などで、イオンの葬儀を買った人たちから「お坊さんにお経をよんでもらいたい」というリクエストがあったからだという。その気持ちはわからないことはない。葬儀には親戚が集まってくることが多く、坊さんのいない葬儀に違和感を持ち、中には文句を言う親戚もいる。「まあ、形だけだが坊主でもよんでおこうか。それなら丸く収まるし」ということも結構ある話だ。そこでイオンは「イオンの葬儀」のホームページでお寺の紹介を始めた。そして、お布施の金額を「目安」として掲載したのである。

お布施額の公表は大きな波紋を呼んだ。全国の寺から批判が相次いだ。全日本仏教会（全日仏）は「営利企業がお布施にまで言及して、目安と言いながら料金体系化していいのか。宗教介入である」と激怒し、文書でイオンに抗議した。

営利企業が言及してはならない、言及すれば宗教介入とまでいわれる「お布施」とはいったい何だ。

では、ある寺のホームページに掲載されたお布施の定義をご覧いただこう。

・お布施は、お経をあげてもらうという清浄《しょうじょう》なことに対して、清浄な気持ちを表す感謝・お礼のこと。お布施をすることは、供養における教えの姿を意味している。言い換えると、お布施を通して、供養する人、される人が共に清浄な関係となる。よって、したこと・してもらったことに、御礼の度合いや規定・金額がないのが正しい。だから、お布施はもともとその人その人によって、みんな異なっていた。

・お布施にはモノの売り買いの見方はない。川で溺れている人が通りがかりの人に助けてもらったことに対し、感謝をすることと似ている。助けられた人にとってできる限りの感謝をしたいという気持ちがお布施となっていた。どこの寺も「応分の……」とか、「お気持ちで……」というのも、こうしたことからで、本当はそれが正しい。

・僧侶には、就労・労働への対価は基本的にはない。頂くお布施は、労働報酬ではない。すべての金銭・物品はお寺・それに付随する施設への寄付になり、それによって施設を維持している。

・すべてお金で生活が成り立つ現代では、お金に人の心を追加して見ることがなくなっている。お布施とは、こうした流通経済の中で唯一、お金に心を追加したものである。

じつにわかりにくい。お布施とは、清浄な行為に対し清浄な気持ちを（お金で）表すため、一定の規定や金額はなく「お気持ち」で「応分に」渡されるものであり、いただく坊さんのフトコロに入るものではなく、施設維持に使われる。一言で言えば、この流通社会において唯一「お金に心を追加したもの」だというのだ。

わかりにくい理由は、タテマエの中にホンネが隠されていることだ。お布施を受け取る側の坊さんたちの多くが、「お気持ちで」とは言いながら、もっと欲しいと思っていること、そしていただいた額を公表したくないこと。なぜならお布施は対価ではなく定価も付かず、いただいた証拠も残らない便利な収入であるからだ。しかも、その額に見合った「仕事」ができていないことを坊さん自身が感づいているからでもある。

後出しジャンケン

ぼくは三〇年ほど前、枕経、通夜、葬儀、火葬などそれぞれの項目について単価を檀信徒に公開した。そしてそれらを事前相談や亡くなった直後の打ち合わせの中で、わかりやすく説明した。それによって喪家は葬儀全体にどれくらいの費用が必要かの見当がつき、不要な項目は削除することができた。坊さんの視点からではなく、自分が喪家の立場になった時のことを考えたうえで導入したシステムだった。そして、葬儀社もこうなればいいと思っていた。だからイオンのお布施額掲載にぼくは何の違和感も覚えなかった。しかし、全日仏はイオンが営利業者であり、非営利の仏教界とは違うのだという線引きをしたうえで、「お布施」の意味も、その出自も知らない業者が営利を目的として「お布施」の値段を決めたとして、大きな不快感を表したのである。

じつは寺はすべて「宗教法人」という法人格を持っている。そして大きく括ればそれは「公益法人」なのである。公益法人とは不特定多数者へ利益を供与する（つまり、かかわるすべての人々に利益を与える）ものでなければならないとされる法人のことだ。では寺の公益性とは何かと言えば、寺が長い歳月をかけて仏教の根本、加えて宗祖や祖師方の「教え」を多くの人々に伝え、それにより人々の心の安定や安心《あんじん》が得られるという社会的・心理的メリットを多数の人々に受け取ってもらう、という点にある。それが宗教法人における「公益」の解釈だ。その公益性により、寺は税制優遇を受けているのである。つまり税金を払う代わりに公益的事業を行うという相殺関係が認められているわけだ。しかし現在の宗教法人は、対象を一般、不特定多数の人々ではなく、檀信徒という限定された人々を対象に活動を行っている。これは「公益」とは言わず「共益」と言うのだが……。

社会的に認知され、宗教活動を行っている法人である以上、本来的な公益活動を日常で行い、その活動内容や収支に関する情報公開は義務付けられている。だから監督庁（都道府県）に毎年の予・決算、事業計画・報告を正確に届け出なければならない。だが、公益法人という意識もなく、義務を果たしていない宗教法人は多い。

宗教として長い歴史を持ち、人々の精神や感性や霊性にかかわり続け、その行為が対価を生むものではないと考えている仏教界。だが、もう一方ではこの社会に足を置き、法人という組織運営を行わねばならない寺。寺の運営のためには多少なりとも財源が必要となり、その財源の多くが「お布施」から生まれているのである。社会の中の組織として動くための重要な財源が「お布施」であるのなら、それは明らかにされねばならない。このような霊性と現実のギャップを仏教界は埋められない。だから「お布施」を「不明瞭」なままで置いておくことしかできないのだ。一方、イオンは理念として「お客様第一」を貫く営利企業だ。お客様への対応に「不明瞭」はあり得ない。宗教法人の責務を満たせない中で「営利業者が……」と権威的で見下したような全日仏の発言は支持を得られない。

やはり「お布施」の目安は必要だ。葬儀を出した人々がいったい誰にお布施の額を聞いているか、全日仏は知っているのだろうか。坊さんに直接聞く人は稀だ。なぜならはっきり言わないことがわかっているからだ。大体が「お気持ちで」ということになる。「お気持ちで」と言っておきながら相手の「お気持ち」がわずかだと「包みなおせ!」とくる。これは究極の後出しジャンケンだ。

それが嫌だから、本当に相場がわからないから、失礼があってはならないからと喪家は葬儀社に目安を聞く場合が多い。喪家は目安で悩んでいる。だったら目安を出せばいいではないか。

タテマエという僧衣《ころも》をまとう

神宮寺の決算書には、葬儀収入に関しての明細が加えられている。年間何件の葬儀があり、それぞれいくらのお布施をいただいたか、総額と平均額がすべて公開される(個々の喪家の名前は記載されない)。それは檀信徒にとってお布施のガイドラインとなり、お布施の内容についての周知と納得が得られる機会となっている。神宮寺の経理公開とお布施のガイドラインは、このようにして檀信徒にメリットをもって公開されていった。

経理公開とともに葬儀改革も進んだ。改革の主軸は「百人の生き方があれば百通りの別れ方がある」というもので、一人ひとりの「オリジナルな葬儀」を目指したのだった。葬儀はその人が生きてきた軌跡を追現する場であり、遺された人々の心に、故人の意思や想いが伝わるものだという考えから、わかりにくい葬儀を改編し、説明を加えながら、葬儀を行うことの意味や意義を理解していただくことを心がけた。

同時に、「葬儀」だけを切り取って考えるのではなく、生・老・病・死を一連のものとしてとらえ、仏教の一丁目一番地である「四苦」の緩和・解消を目的とする「コミュニティケア」に力を入れてきた。コミュニティケアとは、小規模・多機能・地域密着を主旨としたケアシステムで、寺の周辺地域における介護や看取りなどのケア実施のために、介護保険や成年後見制度関連のNPO組織を立ち上げ、その運営の中心となった。NPOという法人には、社会的に認知され、使命責任を果たすうえで必要な事業計画・報告、予算・決算の正確性が厳しく求められた。そのような経験が、葬儀および寺の運営において、お布施を含んだ正確な情報公開と説明責任の履行を強化させていったのである。

神宮寺では、葬儀のパンフレット『あなたが旅立つ日のために』(二〇〇五年発行。二〇〇九年改訂)を全檀家に配布した。それは檀信徒が納得できる別れ(葬儀)をしてもらうため、できるだけ葬儀社を介さず、喪家と寺が協働し、故人を送る覚悟を示したものであった。当然のことながらそこには、葬儀費用とお布施のガイドラインも示されている。加えて、いかにしたら経費を節減できるか、というアイデアも多く掲載されている。神宮寺の葬儀では、一般の葬儀社が提示する費用の三分の一～二分の一で、葬儀社レベル（以上）の葬儀が可能になることを、明確な根拠をもとにこの手引書の中で周知している。その結果、現在、檀信徒の九〇パーセント近くが、葬儀社のホールを使用せず、神宮寺で葬儀を行っていて、喪家の納得の度合いは驚くほど高い。寺が本気になって葬儀を含む「人の死の周辺」にかかわろうとしていれば「お布施」を公開する、しないなど大した問題ではない。かえって公開は、檀信徒に好意的に迎え入れられる。それは実証済みだ。

膨大な会員を持つイオンが、葬儀に参入し、布施額を公開したことは、当然ながらイオンが会員を消費者と見ていることに由来する。イオンの棚にお葬式という商品が何段階かのレベルでのせられ、それを会員という「コンシューマー＝消費者」が買うのである。消費者にしてみれば棚の上の商品は野菜であろうと葬儀であろうと関係ない。それが自分にとって必要であるかないか、他と比べてどのくらい安いのか、費用対効果として納得できる「商品」であるか否かが問題なのだ。だから定価が付く。一方、寺は檀信徒をコンシューマーとしてではなく、寺を護持するためのスポンサーと見る。そして、寺と檀信徒の間は、信仰という絆によって結びついていると考えている。だから信仰の証は信施（お布施）として授受され、定価など付くものではないと思い込んでいる。したがって、イオンの布施額の提示に仏教界は反発した。しかし人々は、伝統仏教がその使命を十分果たしていないことをすでに察知している。「お布施」についても、「お布施とはそういうものだ」というタテマエ論が繰り返されるだけで、現代社会にリンクした納得できる説明は聞かれない。一般の人々と仏教界との意識の乖離は、「お布施」が俎上《そじょう》にのぼった段階で、より鮮明化されている。多くの人々が、「お布施」の問題を冷たく見限る理由は、両者の意識の格差にあると言えるだろう。つまり、対象者をコンシューマーと見るかスポンサーと見るかの違いだ。

イオンの「寺院紹介」についてホームページ上に明示されたお布施の金額は、全日仏からのクレームによって削除された（現在は再び掲載されている）。そしてこの問題は一応の決着を見た。しかし、根本的な問題は残った。それはいまの寺が果たして地域の公益に寄与しているか、坊さんたちが檀信徒や地域の人々の信頼を得ているか、世襲によって寺が家業となり一般家庭と変わらない生活をする中で、坊さん自身の信仰は薄れてはいないか、などが問われているということだ。そして人々は「お布施」の問題を切り口にして、寺側のタテマエを見抜いている。そんな中では、信仰を共有し、慈しみの心としての「お布施」を出すところまで一般の人々の意識は高まらない。また、坊さん自身が現代社会にどっぷりつかった中で、「お布施」をいただく時だけ「聖性」や「宗教性」や「信仰心」を持ち出しても、誰もまともに受け止めてはくれない。

『あなたが旅立つ日のために』

イオンのお葬式は、多くの人々が「買い物」として求めたものだ。買うのだったらお金を支払うのは当然だ。イオンは企業原理・理念のうえで適正な定価を付けただけのこと。それに猛然と反発する姿は、既得権を奪われる危機を察知した保守的で社会性のない組織の惨めさをさらしたように見える。

この問題には「続き」がある。本質的な課題解決ができていないのだから、あちこちから形を変えて課題は噴出する。

デリ坊　在庫アリ

ウェブ通販大手のＡｍａｚｏｎが「お坊さん便」を始めたのは二〇一五年一二月八日のことだった。

都会へ出て三〇年。同居の父親を見送って一二年になる息子がいた。故郷に菩提寺はあるが、住職とは疎遠。墓も近所の公営墓地に移していた。三歳違いの姉から父の一三回忌の法事をやるように言われたが、どうしたらいいかわからない。寺などといままで関係を持ったことなどないからだ。そこで法事に必要なものはまず坊さんだと考え、どのように「調達（？）」しようかと思案した。ネットを見ていたら「お坊さんの宅配」が目に付いた。法事やお墓に出向き、読経・法話をする坊さんを「お届け」するというサービスである。大手のＡｍａｚｏｎがやっているこことだから信用できる。考えてみりゃＣＤやＤＶＤから流れるお経よりライブで聞けるお経の方が、臨場感があっていいし……といった調子でサイトに入っていった。

彼はそこで坊さんが宅配される仕組みを知ったのだ。彼が時々使うデリバリーヘルスを「デリヘル」と呼ぶならば、これはデリバリー坊さんだから「デリ坊」とでも言うべきか。彼の感覚からすれば、家電や本やDVDなどいままでＡｍａｚｏｎが扱っていた商品の中に、坊さんという宅配可能な商品が加わっただけのこと。

Ａｍａｚｏｎのサイトにはこうあった。まず、法要希望日時や場所、宗派を知らせた後、要望に合わせた坊さんが販売（？）されるのだと。そして通常三〜五週間以内の希望日時に坊さんは発送（？）される。葬儀は即日対応で予約ができないから対象外となるが、法事の場合は予約さえすればお届けできる、と。

Ａｍａｚｏｎで売っている商品には大きさや容量を示すために「サイズ」という表記がある。「デリ坊」のサイズは、派遣された坊さんの仕事の種類と内容に沿った報酬額（＝お布施）のことをいう。自宅での法要サイズが四万五〇〇〇円、墓でのお経が付いて一万円増し、戒名を付ければプラス二万円。Ａｍａｚｏｎが扱う商品には出品数や在庫（残り点数）が表記されている。お坊さん便の場合（表記はないが）在庫、つまり派遣されるのを待っている坊さんは多い。現在、約六〇〇名の坊さんたちが「在庫」状態であり、在庫数は増殖中だという話を聞いている。

彼はこの四万五〇〇〇円のサイズで坊さんを注文した。支払う（？）お金が「お布施」であるということも知らず、そのお布施が高いのか安いのかもわからない彼は、信頼できるＡｍａｚｏｎに委ねたのだ。そして当日、見も知らない坊さんが時間通りに宅配されてやってきた。坊さんはちゃんと頭を剃り上げ、衣《ころも》を着、よくわからないがお経らしきものをよんでくれた。

お経の後「法話」もしてくれたが、故人にかかわる話は一切なかった。そりゃそうだ。坊さんにしてみれば、初めて会った故人であり家族であるのだから。姉は「父ちゃんに戒名が付いていない」と以前から言っていた。彼は戒名とは何か、まったく知らなかった。「戒名を付けたら父ちゃんは極楽で安楽に暮らせる」という姉の言葉を真に受けて、まあ、二万円でオヤジの極楽生活が堪能できれば安いもの、とその坊さんにお願いした。戒名は後日メールで届けられ、彼は二万円をＡｍａｚｏｎに支払った。

世の中に「彼」のようなパターンを持つ人は圧倒的に多い。彼らは、このように信仰には無関心で、「お布施」の意味など知るよしもなく、コンビニエントにリーズナブルに行動する。仏事のことなど何も知らない、わからない彼にとっては、日常の買い物の感覚で面倒なコトが済むわけだから、イオンやＡｍａｚｏｎは、とてもありがたい存在だと言える。彼らの「お布施」感覚は、全日仏が言うような「慈しみの心」をもとにした「感謝のしるし」などとはまったく次元が異なるものなのである。

葬儀は寺から去っていく

Ａｍａｚｏｎはネット上でサイズ（金額）を示している。イオンが布施額をネットで明示した際、全日仏や多くの坊さんたちは反対の声を上げた。しかしその声は本質的な解決にはとても行き着かないタテマエに塗り固められたものだった。一旦は落ち着いたが、再び同じことが起こり、イオンに出したものとほぼ同じ抗議がＡｍａｚｏｎに対してもなされたのだ。『お布施』はサービスの対価ではなく、『戒名』も商品ではない。お布施は、慈悲の心をもって他人に財施を施す『六波羅蜜《ろっぱらみつ》』の見返りを求めない行で、そこに自利利他円満の功徳が成就される」（齋藤明聖理事長の談話）と。

イオンは明示を一旦取り下げたが、Ａｍａｚｏｎは「葬儀費用やお布施の額がわからない人は多い、それらの人々にとって明示は必要だ」と譲らない。専門用語でタテマエを語る仏教界、具体的にわかりやすく実質的な説明をするＡｍａｚｏｎ側。どう見ても勝負アリだ！『葬式は、要らない』（島田裕巳著、幻冬舎新書、二〇一〇年）で浮き足立ち、イオンの葬儀参入やＡｍａｚｏｎのお坊さん便でアタフタしている仏教界は、大きな勘違いから抜け出していないように思えて仕方ない。丁寧に、死に逝く人々や遺族と向き合ってこそ、「お布施」は真正面から堂々と授受される、という大事なことをすっかりどこかに置き忘れている。一部で「金まみれ」と陰口をたたかれる現状での、ことさらのお布施額非公開へのこだわりは、仏教界のブラックボックスをより肥大化させることにしかならない。本来「お布施」は「信仰」の附属物だ。それが棚にのせられ、あたかも本質であると思わせられているところに問題がある。布施額だけを取り上げ、云々することの不毛は、伝統仏教界の滅びの構図をより浮き立たせるようにしか思えない。そのような状況が続く限り、急速に葬儀は寺から去っていく。

第5章　ぼくはこんな葬儀をやってきた

生きることに疲れ、老いの訪れになすすべを知らず、病のベッドで死の足音を感じ、苦悩する人は多い。そのように多くの人々は死の間際で立ち往生している。加えて死後、遺された人たちは死後の儀式（葬儀）の現実をまのあたりにする。その葬儀は、大切な人を見送る最善のものであったのかどうか、という自問に悔いを深める場合がある。葬儀を終えて「納得より虚無感に襲われた」という人は多い。それはなぜなのか。大切な人を見送るという葬儀が「なにか、間違っている」のではないか。そう思わざるを得ない。葬儀とはこういうものだと刷り込まれていて、「見送る」本質を見失っているのではないか、とも思う。

坊さんとして葬儀にかかわり、葬儀を執行するということは、大きな悲しみや苦しみの現場に立ち合うということだ。それをぼくは四二年間続けてきた。

葬儀支持率は、おどろくほど高い

神宮寺に帰山した直後は、中学生の頃「お前の家は人が死んだら儲かるんだな」という同級生から投げつけられた言葉のトラウマに支配され、世襲というあきらめと不自由さの中で怠惰な生活を送った。当然、悲しみの舞台となる葬儀には目をそらし続けていた。そんな坊さんが形式的に勤める葬儀などに遺族の感性は反応を示さない。「葬儀なんてあんなもんさ」というあきらめの声を聞きながら、ぼくはそれを無視し続けていた。だが、ニューギニアのビアク島でぼくは戦死した無数の兵士たちから新しいいのちを吹き込まれた。死にアクセスするスイッチのすべてを彼らによってONにされたのだ。その日から死への向き合い方は変わった。同時に葬儀への向き合い方も変わった。そこが神宮寺の葬儀変革の入口になった。

大切な人を失った人々の悲しみや痛みや苦しみを少しでも癒せる葬儀……悲しみを抱えながらも「しっかり見送れた」という実感と納得を生む葬儀……亡き人の思い出を心にとどめながら新しい出発ができる葬儀……そんな葬儀をやりたいと強く思った。以来およそ二〇年、喪家・遺族の側に立ち、「やってよかった」と言ってもらえる葬儀を作り上げようとした。間違いを正そうと思ったのだ。そのために生・老・病・死にからみつく「四苦」が横たわる現場に入った。自分自身が「苦」にさらされ、「苦」を持つ人々のまなざしに射抜かれなければ「苦」を持つ人々の本当の気持ちはわからないと思ったからだ。その思いが高齢者ケアの場を作ることで地域の「苦」を拾い上げることになり、チェルノブイリや震災の被災地での活動の原動力になり、終末期ケアの場であるヨーロッパのホスピスやマギーズセンターを訪ねケアの本質を視るモチベーションとなり、現代の死の実相を見せる安楽死や自殺ほう助の姿を追いかけることになった。それらの行動のすべてが、神宮寺の葬儀につながり活かされていった。

徹底して喪家・遺族の側に立とうという意志を持ち、死が描き出す「苦」を受け止めたうえで「抜苦」を目指す神宮寺葬儀には、宗派伝来の葬法や古くから地域慣習として動いてきた葬儀を堅守する必要はなかった。焦点を当て、対応しなければならないのは、故人の人生のリバイバル（再現）であった。だから生前の写真の映像化を行い、故人が好きだった音楽を使った

（コラム5を参照）。神宮寺葬儀の立脚すべき地点は、悲しみ、痛み、苦しみを持ちながら大切な人を見送ろうとしている遺族だった。日本仏教、宗派や本山、地域の仏教界や近隣の寺などに足を置く必要はなかった。だから同業者から大きな批判を受けた。「神宮寺でやっているのは葬儀とは言えない。あれはイベントだ」「禅宗だったら故人の映像などより引導にいのちをかけろ」「神宮寺は葬儀屋になり下がった」と。

だが、ぼくはまったくめげなかった。なぜなら、批判する同業者は神宮寺の葬儀を見たことがない（恐ろしくて見られないのかもしれないが……）。どんな思いで葬儀を作り上げているかなど知るよしもない。いのちを賭けた引導なんて、いままでぼくは聞いたことがない。葬儀屋になり下がったなど、葬儀屋さんに失礼だ。そんな批判は見当違いでまったく怖くなかった。それどころか、何よりも葬儀を出した喪家・遺族の満足度が高く、神宮寺葬儀の支持率は高かった。現行葬儀を「なにか、間違っている」と思っていた人々が「それでいい」と言ってくれた。それほど心強いことはない。神宮寺では奇跡のような葬儀が行われていたのである。

二〇一八年五月一〇日、ぼくは神宮寺を去った。したがって、この章で語るのは、「それまで神宮寺でぼくが行ってきた葬儀」であり、過去の経緯である。しかし、構成の都合上、現在形で書かれている場面もある。その点をご了承いただいたうえで、神宮寺葬儀の軌跡（奇跡）の一端をご覧いただきたい。

なにか、間違っている

数年前、東京の友人が死に、葬儀社ホールで行われた通夜に弔問した時のことだ。現れた若い坊さんは、「私はこの方を存じません。一度も会ったことがありません」と前置きして祭壇に向かい、お経をよみ始めた。お経は心に浸みることはなく、単なる焼香儀式のBGMでしかないと強く感じた。お経の後行われた短時間の説教も「釈尊はこう申された」「仏典ではこう言っている」一辺倒で、「私は……思う」という主語が欠落していた。このように死者と坊さんの関係性がない場合の葬儀には、坊さんが死者について語ることはできない。だから、通り一遍の説教になる。それは当然のことだ。語る側と聴く側との信頼関係もないから、その話は遺族の心の深層に迫ることのない、どうでもいい話となってしまう。それも仕方ない。ならば、故人との関係性が皆無な状態で行われる葬儀に、坊さんが出てくることに意味があるのか……友人の遺影を見つめながらそう感じた。

そのような葬儀が余るほど多い。人の悲しみをどうとらえ、その悲しみや苦しみに坊さんとしてどう向き合い、どう対処するのかという意識がまったく見えない葬儀に坊さんはいらない。葬儀社もこの環境に慣れきっている。葬儀社ホールも、祭壇も、坊さんも、固定観念の中で作り上げられた葬儀風景の一コマとして、感動も納得もなく目の前を通り過ぎていくだけだ。

この形式が現代の葬儀の主流を占めている。それに対してぼくは「間違っている」と感じてきた。そして、遺族もぼく自身も納得できる葬儀とは何かを模索し始めた。そしてそんな葬儀を作ろうと動き始めた。カバンに衣《ころも》を詰め、葬儀社ホールに出向き、短時間、しつらえられた豪華な祭壇に向かってお経をよむだけでことたりるという、現行葬儀の多くが陥ったものの対極を作ろう、と考えたのだ。

葬儀の核心　あなたが旅立つ日のために

人が何かの考えを持つ時、その考えが明らかに過ちであるか、おかしい場合で、他の人が説明や説得を行っても、あるいは状況が変わって、おかしいことが明らかになっても、当人がそれを訂正することのない意識を固定観念という（Wikipedia）。そのような固定観念の中で長期間行われてきた事柄を改変することは、困難を極め、膨大なエネルギーを費やし、批判に晒される。

仏教の葬儀など、固定観念の最たるもので、時代や状況が変わって、おかしいことが明らかになっても坊さんたちはそれを変革しようとはしない。しかも、なぜそのように古くからの葬法がいま行われているのか、守り続ける理由は何かという説明もない。

故人を見送る人々にしてみれば、確かに各宗派の宗旨に基づいた葬儀が厳粛に行われているのを見ると、尊く重要であることは意識できる。しかし、行われていることの意味がわからない。この点について、簡潔に要点を得た説明が添えられる葬儀をぼくは見たことがない。しかも相手が誰であろうが、すべて進行は同じになる。人の生き方は百人百様なのだが、それに対応する融通性がない。そのような葬儀の中に坊さんたちは安住してはいないか？　死者や遺族との緊張感が欠けてはいないか？

巨大な固定観念の中にある葬儀。それを仏教内部から変革することは至難の業だ。外部から、それを執行するぼくも含めた坊さんたちに揺さぶりをかけなければ、人々が感じている「悲嘆」や「悔い」は解消できない。そう思った。

そこで作り上げたのが、前述した（コラム4を参照）葬儀用冊子『あなたが旅立つ日のために』であり、それは檀信徒全家庭に配布された。この小冊子には、「あなた（死に逝く本人）と家族と寺が協働して葬儀を作り上げていく」という神宮寺葬儀の意思が明記されている。「あなたの葬儀をあなたはどうしてほしいのですか。葬儀とはこういうものだと思い込んでいるあなたに、神宮寺は間口を広げ、あなたの意思を受け取りますよ。だからあなた自身の葬儀を考えてもらえませんか」という意味を含んだ冊子だった。あなたが葬儀に対して考え始めてくれたら、あなた以外の人々にも伝わる。そしてそれが葬儀という固定観念にゆさぶりをかけていくことになるかもしれない。ぼくは葬儀を執行する坊さんではなく、葬儀を執行してもらう側のあなたに、この問題を投げかけたのである。同時に葬儀に対する寺側の責任と葬儀を引き受ける覚悟を記した。その小冊子のトップページにある意思の全文を以下に掲載する。

あなたらしい旅立ちのために
あなたと家族と神宮寺が協働してつくるお葬式

人間には必ず死が訪れます。死に至るまでのあなたの人生は、家族や友人との様々な「えにし」を築く大切な時間です。しかし、訪れる死は、それらの関係を断ち切ります。そこには悲しく、苦しく、つらい別れが待っています。それはいのちを持つものが通らねばならない道筋です。

死の周辺には、たくさんの困難な問題が横たわっています。それらをひとつひとつ解決したうえでの旅支度が必要です。死を迎えるまでにあなたがしなければならないこと、そして死を迎えたとき家族がすること……訪れる別れをきちんと、納得できるように行うことが大切です。

別れの儀式としての「お葬式」は、そういう意味では重要です。しかしそれはお金をかければいい、ということではありませんし、形式にこだわったり、慣習に縛られたりする必要もありません。

神宮寺のお葬式は、まずあなたが仏教徒であるという認識のもとに行われます。そしてあなたの人生がしっかり反映されるお葬式であり、残された人々が「精一杯見送れた」という、納得を生むお葬式でなければなりません。神宮寺はこのことを最優先に考え、あなたらしいお葬式を、責任をもって行います。そのために、いくつかの選択肢を提示し、あなたらしい旅立ちの道標（みちしるべ）にしていただきたいと思い、この冊子をお届けしました。お葬式は、あなた本人（死の前からの事前準備として意思表示を行う）＋家族（あなたの意思を正確に伝え、実現を目指す）＋寺（その意思を丸ごと受け取り実行する）という形で進むのが理想的だと思います。そういった協働意識を持ち、互いに合意形成することで、理想的なお別れが（儀式とともに）実現するのだと思います。

また、この冊子にはお葬式だけでなく、旅立ちの前、旅立ちの時、旅立ちの後に関する問題や、その解決方法が載っています。あなたらしいお葬式を考えていただくとともに、「死すべきいのち」を持つあなたが、いまをどう生きるかを考えていただきたいと思います。「あなたらしい旅立ち」に対して、神宮寺は最大限の支援と協力をいたします。

……あなたのお葬式は、あなた自身のものなのです。


その後のページはこの序文の決意に基づき、葬儀の内容、葬儀の流れ、祭壇から料理、返礼品から骨壺に至るまで、それぞれの金額を示したうえで、詳細に説明されている。また、この中には「旅立ちの前に」として介護やターミナルケアへのかかわり、「旅立ちのとき」としてその際の動き方、「旅立ち後」として行政的な事後処理についても記されている。

この小冊子は、檀信徒向けの葬儀の手引書というだけのものではない。神宮寺があなたの葬儀に、あなたらしい別れに「丸ごと」かかわりますよ、という決意を伝えているものだ。「丸ごとかかわる」ために、このような方法であなたと結びつき、相談に乗り、その時が来たらあなたの意思に沿い、あなたと遺族が納得できる葬儀を行いますよ、ということを具体的に表明したものなのだ。

これを発行したことにより、神宮寺は死に逝く人やその人を取り巻く家族に対し、葬儀という儀式全般に対し、徹底的にかかわるということを決意し、覚悟を決めたことになった。この覚悟は、全檀信徒に行き渡った。そして、檀家以外でも、現行の葬儀が「なにか、間違っている」と感じる人々にじわりと口コミで伝わっていった。

変革の試み　リビングウイル

葬儀を変革する試みは一九九八年頃から本格化した。その頃、神宮寺は葬儀や法事だけでなく、さまざまな文化的行事を進行させていた。一九九七年から一〇年間、一〇〇回を目標にした現代の寺子屋「尋常浅間学校」（永六輔校長・無着成恭《むちゃくせいきょう》教頭）には多くの人々が訪れ、まさに寺が人のるつぼのようになった。寺に集まる人々に、いのちの在り方を伝えるべく、医療、福祉、教育、環境、政治などをテーマとする魅力的な授業が展開された。その中で「葬儀」も取り扱われ、二泊三日を要して「フューネラル・フェア（お葬式の見本市）」（二〇〇二年）も開催された。

人々が嬉々として集う寺ができあがるにしたがい、集える場所が必要となった。そこで建設されたのが「アバロホール（二八〇人収容）」だった。寄付に頼らず建設費用を銀行から借り入れ、造り上げた自前のホールだった。ここでは尋常浅間学校とともに葬儀も行われた。音響・照明、その他の機器もそろった場所での葬儀が行えるようになり、それが神宮寺の葬儀におけるハード面での基盤となった。しかも自前であるため圧倒的に安価な葬儀ができるようになった。

次にぼくが代表（当時）をしていたNPO法人「ライフデザインセンター」（成年後見制度を主事業とする非営利法人）では、『旅立ちデザインノート』と『旅立ちのアレンジ』を刊行（二〇〇三年、改訂二〇一三年）した。近年、エンディングノートが出回り、書き込む人が多くなっているが、『旅立ちデザインノート』は、エンディングノートの「はしり」と言えるものだった。来し方を回想しながら、自らの意思に沿った旅立ちの日を迎えられるように「リビングウイル（生者の意思）」を残す。このことによって、生き方と死に方、死後の別れの在り方の表明ができ、つらいけれど、悲しいけれど、納得の旅立ちができる……そのためのノートだった。

神宮寺のアバロホール

ぼくは『旅立ちデザインノート』を全檀家に配布した。それが死や葬儀を身近なものにする役割を担った。それまで死を禁忌として遠ざけてきた人々にノートは徐々に受け入れられ、読まれ、書き込まれるようになった。同時に檀信徒は、それまで自由にならないと思われていた葬儀が、自分の意思に基づいて

『旅立ちデザインノート』

「こうやることもできる」「こうやってもいいんだ」ということに気づき始めた。

老後や末期医療や死の場面に際したら、あなたの意思を最大限受け入れるから、その意思を残しておいてほしい……という願いが「リビングウイル」として表明される。神宮寺は、そのような人々の大切な意思を引き受けられる寺にならねば意味がないと思い、作り上げたものだ。「その人らしい旅立ち」と「その人らしい葬儀」を支援する方向に神宮寺が大きく舵を切っていったのは、『旅立ちデザインノート』を貫く「リビングウイル」がはっきり見えてきたからだと断言できる。

しかし、この寺での葬儀は、仏教徒として、禅宗の檀信徒としての別れの儀式であるという位置づけの中にあるわけだから、どうしても切り取れない、譲れない儀式も必ず出てくる。たとえば、禅宗の基本的な儀式としての授戒会《じゅかいえ》や引導は切り取れないのだ。そのことも「なぜ、このような儀式が必要なのか」という説明を加え、理解してもらえるように葬儀を進行した。そのような中から、禅宗葬儀の本質から逸脱することなく定番の葬儀から脱却する、というバランス感覚を伴った葬法ができあがっていったのである。そのバランスを崩さないように現代的な感覚を加え、故人の人生が短時間の葬儀の中で表現でき、会葬者の心にしっかり残る、という一人ひとりのオリジナルな葬儀を組み立てていった。その中で、葬儀の核心を表現するために、この葬儀は誰のためのものか？　故人をもっとも愛し、慕い、悲しみを深くしている人は誰か？　という問いに対する答えが必要とされた。そして、それを知るために喪家・遺族とぼくとの対話が始まった。それは死者（本人）を介して悲しみを持つ遺族とぼくとのダイアローグ（対話）と言えるものであった。

死者たちの訪れ

数年前の年末、一二月三〇日のことだった。夕刻、一本の電話が入った。大学病院の個室病棟に入院中のMさん（六七歳）本人からだった。「体調が急変した。もう、もたないと思う。だけど、どうしても心配なことがある。両親、姉、兄が入っている墓がそのままになっているし、私の死後処理をしてくれる人は誰もいない。住職、すべてをお願いできないか？」と言う。時折、咳き込み、傍らにいる看護師さんに支えられながら、必死に話している様子がわかる。

ぼくは彼の問いに、「明日（大晦日）午前中、病院に行くから、担当の先生と一緒に話そう」と伝えた。Mさんはその言葉に納得せず、「頼みます。すべてお願いします」と懇願した。その言葉に押されるようにぼくは思わず「わかった。心配しないで」と応えていた。

その電話から五時間後の三一日深夜一時一〇分、病院からMさん死亡の連絡が入った。身寄りのないMさんは、自身の言葉の通り、ぼくにすべてを託し旅立っていった。檀家の一人であるMさんは、入院中の一ヶ月間に二度、神宮寺を訪ねている。しかし、ぼくは出かけていて会えず、電話による応対となった。その間にがん細胞は、Mさんの全身を一気に侵食した。そして、看取る人もいない病院の個室で息を引き取ったのだ。ぼくはすぐ病院に駆けつけた。担当医から病状説明を受け、死亡診断書を書いてもらい、Mさんの数少ない荷物を預かり、遺体搬送を依頼し、寺に運び安置した。安置し、枕経が終わったのは大晦日の午前四時だった。

ぼくの住む地域は、年末・年始と火葬場は休みとなる。だから、Mさんは五日間、寺の一室に安置されることになった。じつはこの時点ですでに前日の深夜に亡くなったTさん(七四歳)が寺にいた。Tさんは神宮寺の檀家ではない。だが、神宮寺の永代供養墓に入りたいと生前の意思を表明し、相談がなされていた。息子夫婦が住むアパートも手狭で安置できない。そのような事情により、Mさんと同様、病院からの深夜の搬送で寺に来た。庫裡《くり》の座敷と本堂の一室、生前は何の関係も持たなかった二人が、死を境に同じ寺の屋根の下に寄り添って安置され年を越した。

開けて元日の早朝、電話が鳴った。「母(一〇〇歳)が死にました。神宮寺までの搬送をお願いします」と。電話の主は、亡くなったFさんの娘で、神宮寺近くの老舗旅館に嫁いできたが、高齢になった母親を実家から引き取っていた。実家の菩提寺は埼玉県の名刹《めいさつ》。その筆頭総代を務める家柄だと以前から聞いていた。菩提寺で本葬を行うため、神宮寺では納棺・通夜・密葬をお願いしたい、と一ヶ月ほど前に相談があった。

搬送車を手配し、寺の本堂の一室に布団を敷き、迎え入れの準備をし、枕飾りを整えた。氷点下一〇度を下回る本堂は、身体の芯まで凍りつくようだった。

これで、神宮寺の屋根の下に安置された遺体は三体になった。しかも正月。新しい年が希望に満ちた年になることを願って参詣する人々の足音を聞きながら、三人の死者たちは、静かに荼毘《だび》を待っていた。

変革の端緒　事前相談

正月を神宮寺で過ごした死者たちの共通点は「事前相談」があったということだ。神宮寺の年間の葬儀（五〇〜六〇件）のおよそ七〇パーセントが事前相談に訪れる。訪れるのは家族だけでなく、死に逝く本人の場合もある。事前相談の内容はさまざまだが、誰もが聞きたいことは「もしも」の時はどうしたらいいか、そして葬儀にどのくらいの費用がかかるか、という二点である。しかし、相談内容は葬儀だけでなく、介護保険や成年後見制度の内容や運用方法など制度にからむもの、セカンドオピニオンやターミナルケアの相談および医療機関の紹介など医療にかかわるものも多い。経済的に厳しいので、なんとか安く葬儀ができないか、といった相談も近年増えている。事前相談は、死を目前にして噴出する問題を解決するソーシャルワークといった感じだ。

近年、葬儀社も事前相談を重視し、窓口を開けている。だがそれは、セレモニーとしての運営や費用の相談であり、付随するさまざまな問題解決には至らないのが普通だ。人々は相談によって何を求めているのか、その詳細にまで踏み込み、解決に向かう必要がある。そのためには、相談される側が、提示された問題を解決できる能力を持っていなければならない。ここでいう能力とは人的ネットワークの構築力や異分野との協働力、各種情報の取得力、制度などの知識・運営力、そして独断ではなく、大局を見抜きながら、それらを縦横に使い切る実践力のことをいう。

神宮寺では三〇年以上前から医療関係者とターミナルケアの分野で連携してきた。ここ一五年ほどは、ぼくが介護保険の事業所を立ち上げて高齢者ケアを行い、同時に、認知症や精神疾患などで判断力に問題のある人々の生命と財産を守るため、成年後見制度の事務所も立ち上げていた。ヨーロッパのホスピスで研修したのも、スイスの自殺ほう助団体やオランダの安楽死の現状を視察したのも、死の実相を知るためのものだった。これらの活動は総合され、多様な相談の判断材料となり、しかも問題解決のための複合的な連携・連結を可能にした。寺で解決できる問題は即解決し、困難な問題は専門家につないで一緒に解決に向かうという道筋ができていたのだった。

正月、神宮寺を訪れた死者たちにかかわる人たちとぼくとの間で「事前」に「相談」した中に、「亡くなった場合、遺体は寺へ搬送する」という合意がなされていた。だから「事前相談」に基づき、死者たちは神宮寺にやってきたのである。

変革の核心　死者とのダイアローグ

亡き人を見送るボリュームは、その人との生前の関係性や環境が大きく影響する。悲しみの度合いや別離の重量感が生前の関係によって異なってくるのだ。死を生前関係の処理と考え、消化試合のように荼毘を急ぐ人がいれば、死者を深く愛していたがゆえに、傷つき、嘆き、苦しみを引きずる人もいた。前者には、死の意味と同時に、自分自身にもこの日が訪れることを気づいてもらいたい、後者には、せめてその愛を届けることができる別れの環境を整えたい、そして、両者には、死を縁としていのちの本質に気づいてほしい、という思いが、遺族とのダイアローグを生み、それが神宮寺葬儀のソフト面での核心となっていった。

ぼくはまず、この葬儀は誰のためのものか、ということを考える。それは、亡くなったという連絡が入った時点から始まる場合、あるいは事前相談の時点から始まる場合もある。その中から死によって、もっとも悲しみ痛み苦しんでいるのは誰かを見分けるのである。それは配偶者であったり、子どもであったり、孫であったり、親しい友人であったりする。複数の場合もある。そして、その人をターゲットにした葬儀を考え、ターゲットの悲しみや痛みが少しでも癒える葬儀を組み立てていく。そのためには、その人が故人について何を語るか、どう思っているかを聴き取ることがどうしても必要になる。

ほとんどの場合、死者の枕辺で、覆い布を取り、死者の顔を見ながら、死者にも参加してもらう形で対話は始まる。その場でターゲットに、故人の生前の思い出を、死の瞬間の感慨と悲しみを、別れの儀式をどのように考えるかを聴き、最後に故人を見送る言葉を聴かせてもらう。ぼくは最初、死というネガティブな状況に対して、人は話したがらないと思っていた。しかし、それは大きな間違いだった。ほぼ全員が、亡き人の人生を細かく、饒舌に語ったのだ。生まれ、育ち、結婚、子どもの誕生、生活、孫、病気、そして死の床の詳細を。「話したい！」という遺族の思いがひしひしと感じられた。話すことによって自分の中の苦しみや悲しみが掬《すく》い取られる……そんな状況がよくわかり、話す方も聴く方も互いに涙しながらの対話が続いた。

だが、故人と遺族との関係が良好な場合だけとは限らない。故人に憎しみを持っていた遺族もいる。そのことは聴き取る前、あるいは初期段階でわかる。だが、そんな時が正念場だ。相手の心の内をさらけ出してもらうのだ。遺産相続でもめている身内もある。故人にひどいことをされたと訴える遺族もいる。同席した兄弟間で喧嘩が始まることもある。そのど真ん中にぼくは入っていく。そして辛抱強く話を聴く。ついいましがた亡くなった故人を目の前にし、その人にかかわる恨みつらみが語られるのだ。だが、その険悪な空気は、ほとんどの場合、心の中の思いを吐き出した後、収まる。葬儀は故人を見送る儀式であるとともに、故人とのかかわりを改めて思い出し、問い直すという重要な側面がある。双方が落ち着いた時、そのことを考えてもらう。すべてがこのように収まるわけではないが、その場に逃げずに坊さんがかかわることによって、多くの人々は大切な別れの儀式を行うという方向に目を向け始めてくれる。それはぼくの重要な仕事だ。

これは傾聴と言えるのかもしれない。東日本大震災後、被災地での心のケアに傾聴が必要だと言われた。しかし、傾聴は相手のカミングアウトがなければ始まらない。カミングアウトには、双方の信頼関係が築かれているということが絶対条件だ。葬儀の場、つまり遺体が横たわるその場は、見送る人々と坊さんが信頼関係を結ぶ場であり、それが結べる場であることを、遺族との対話は証明している。現状の葬儀でそういった場面を作り出している坊さんは少ない。坊さんの多くは信頼関係醸成の大切な機会を自ら逃しているようにしか思えない。

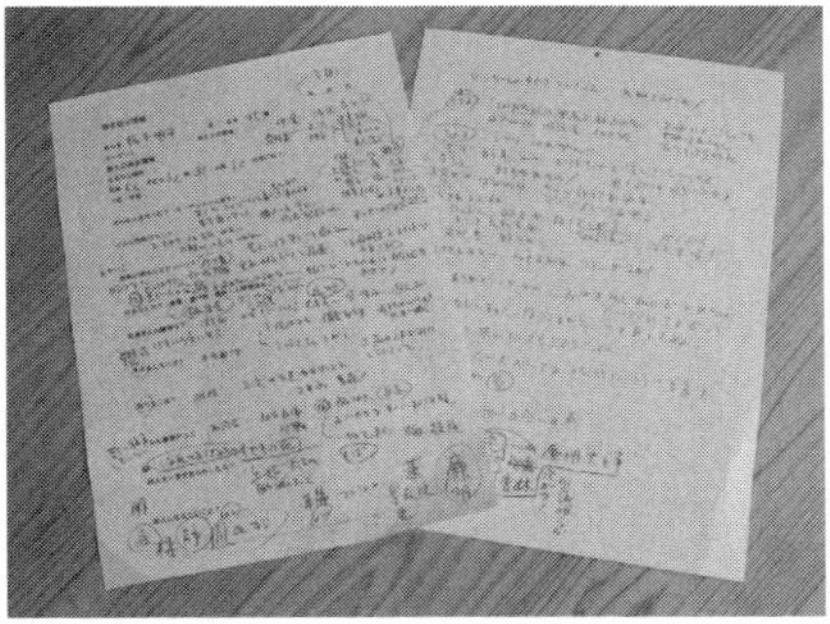

遺族、関係者からの聴き取りの際のメモ

この対話は、数時間かかる。その他、たとえば事前相談、枕経、納棺、通夜などの場面で、注意深く遺族の動きを見ながらぼくは対話の糸口を見つけ出す。ハーリントンホスピスで専門ナースのジョアンから教えられた「三つ目の耳を持って聴きなさい」という言葉を反芻《はんすう》しながら、じっくりと耳を傾ける（第三章を参照）。この対話から生み出されるものはとても大きい。そして、この対話がその後葬儀の中で大きな展開を見せるのだ。

まず葬儀会場では、祭壇の花の種類や色、照明の選択などに展開される。故人が大切にしていた品々が祭壇上に飾られる場合もある。次に神宮寺では必ず式次第を「お別れのしおり」として会葬者全員に配布するが、そのプログラムにこの聴き取りは反映される。そして葬儀で上映する映像には聴き取りの中で遺族と一緒に選んだ写真が使われ、聴き取った遺族の言葉がテロップとして使われることになる。基本的にこの映像の中の文言はぼくの主観で入れるのではなく、遺族が語った言葉を使う。また、音楽に関しても故人が好きだったものがあればそれを入れ込んでいく。もちろん戒名や引導法語の選択や作成に聴き取りは大きな示唆を与えてくれる。通夜、葬儀における「法話」（ぼくは法話という言葉を使わず「〇〇さんを送る」と題して話をするのだが）には聴き取った故人の話といままでのぼくとの付き合いがふんだんに盛り込まれる。時として遺族は涙し、ある時は大笑いをする。故人の人生は深刻なものばかりでなく、面白く楽しいこともふんだんにあったのだから、笑いが起きることは不思議ではない。そして、おもてなしのお料理や返礼品の選択にも聴き取りは指針を与える。

神宮寺の葬儀の核心は「聴き取り」にある。そこからの展開が葬儀すべてに行き渡る。そうなった時遺族に納得は生まれる。

「その人らしい葬儀」に必要なことは、その人がどのような思いや願いを持って生きてきたか、誰を愛し、誰に愛されたか……それを葬儀に反映するために、遺族および故人のリビングウイルと対話することだ。ダイアローグは葬儀を形作るソフト面での基盤となり、核となり、そこから、その人らしい葬儀はスタートする。しかし、もし、その基盤がない状態で、葬儀を執行しようとしたらどうなるのだろうか。

会場作りは葬儀社任せ。定番だからプログラムなどは必要ない。映像などを葬儀中に流そうものなら不謹慎と非難されるからやらない。戒名などは、誰もわからないのだから、当たり障りなく、耳触りのいい文字を選べばいい。引導も法語集から抜粋し、法話はしない。したとしても通り一遍のもので、返礼品は葬儀社にお任せとなる。

これが現代の一般的な葬儀のありようだ。遺族が「これでいい」というならそれでいい。でも「いい」か「悪い」かを問える場所が現行葬儀の中にはない。パッケージ化された葬儀は、選択肢をなくし定番化している。また、戒名や引導に関して、坊さんへのリクエストやクレームはタブーだ。それらは、故人の生き方、思いや願いを反映しないまま、単なる儀式や世間体の中で進行していく。人生の最期、別れの儀式がそのようなもので、本当にいいのだろうか。

神宮寺の葬儀式でのスライド上映の様子

ぼくは、死者や遺族とのダイアローグから、死者の思いや死者への思いを受け取ってきた。それをなんとか葬儀に活かそう、表そうと必死にやってきた。死者たちが「私たちの葬儀を見直してくれ」と語っているような気がしてならなかったからだ。

このようなやり方は、葬儀社や坊さんにはなかなか理解されず批判の的になる。なぜならそれは、現行の葬儀ホールでの葬儀形態とはまったく異なっているからだ。同時に一人ひとりのオリジナル葬儀であるため、とんでもなく手間がかかるからだ。

一方、喪家はというと、多くの場合、こちらの動きに同調するように「見送る」という気持ちが次第に高まっていく。別の言い方をすれば、徐々に「熱くなっていく」のである。葬儀社に丸投げしている場合には感じられない「熱さ」が、喪家や遺族に芽生えていくのだ。それは、自分たちが手間をかけ、大切な人を送るという認識が生まれたことを意味する。

葬儀前日、「明日の葬儀が楽しみ」といった遺族の声を何度も聞いた。喪家と寺が死者を挟んで「その人らしい」葬儀を作り上げていく、という状況が出現したのだ。これが、神宮寺が目指した葬儀だった。

葬儀の風景その1　時そば

かつて松本市内で有名な料理屋を経営し、その後田舎に引きこもってそば屋を始めたOさんが死んだ。Oさんのそばは絶品だった。特に真っ白くピシッとし、鋭いのど越しの「更科十割」は、誰もが認める逸品だった。そのOさんの身体にがんが巣くったのは六〇歳の頃だった。いまから一二年も前のことである。

「生きたい、生きよう！」という思いが強かったOさんは、近代医学の中では当時まだ認知度がなかった「免疫療法」にすがった。だが、その願いは叶えられなかった。死が訪れる三日前、Oさんの奥さんM子さんから「夫が髙橋さんに話があるので病院に来てもらえませんか」と伝えられたぼくは、Oさんのベッドサイドを訪れた。Oさんはベッドに正座し、真正面にぼくを見据え、「多分、近い。髙橋さんすべてよろしく頼む」と言った。職人気質で自分の仕事には一切の妥協を許さないOさんだった。元気な時は「坊主なんてのは……」という口ぶりで坊さんを馬鹿にしていた彼がぼくに自分の葬儀のすべてを託したのだ。ぼくが帰った後、OさんはM子さんに「よかった。本当にほっとした。髙橋君がすべて引き受けてくれた」と目を潤ませながら語ったという。

亡くなったOさんはすぐ神宮寺に搬送された。その時点から続々と知人、友人が駆けつけた。一本気で率直にものを言うが、真のやさしさを誰もが感じるOさんの生き方に共感する人は多かった。そんなOさんに連れ添ったM子さんの悲嘆は大きかった。少女のように瞳から涙があふれていた。Oさんの「すべてよろしく頼む」という言葉の中には、「M子さんの悲嘆を掬い取ってほしい」という配慮がにじんでいた。だからぼくはOさんの葬儀のターゲットをM子さんに絞り、葬儀を組み立て始めた。

Oさんのそば屋は松本から車で三、四〇分行った自然豊かな山間にある。彼はそこをこよなく愛した。そして四季折々、裏山で採った山菜やきのこの天ぷらがそばに添えられ、見事な盛り付けと味が楽しめた。まずそんな風景を山野の草花を用いて葬儀祭壇に表した。その中にOさんがいるような気がした。

Oさんは落語にも精通し、落語家の友人も多かった。そこでOさんとぼくの共通の友人である落語家Sさんに声をかけた。葬儀の際、Oさんの前で落語をやってほしい、とぼくは頼んだ。

落語家Sさんに驚きの表情が浮かんだが、すぐ「やりますよ。もちろん〔演目は〕『時そば』だよね」と。

「葬儀は仏式でしっかり勤めてほしい」というOさんの意思により、手を抜かない禅宗方式の葬儀が行われた。その後、祭壇前に落語家Sさんは座った。三〇〇名もの会葬者に尻を向け、Oさん一人だけを聴き手とした「時そば」が始まったのだ。噺《はなし》はトントンと進んだ。だがオチの部分に入った時、噺が止まった。「ひい、ふう、みい、よ、いつ、む、なな、いまナンドキだい……」。落語家Sさんは天井を見上げたままオチに行き着かない。絶句した。その時会場の一角から拍手が起こり、それが会場全体に広がった。みな笑いながら泣きながら拍手をしている。これは死んだOさんに向けた拍手だった。M子さんはその拍手の中でOさんを深く感じていたに違いない。

これが葬儀だった。Oさんらしい葬儀だった。OさんのリビングウイルをM受け取り、Oさんが誰を愛したか、誰に愛されたかを知ったうえでターゲットを定め、作り上げた葬儀だった。決して三〇〇人の会葬者のための葬儀ではなく、M子さん一人のための葬儀のつもりだった。だが、その意図が会場全体に広がったのだ。その後、M子さんはOさんの遺骨を神宮寺の永代供養墓「夢幻塔」に納めた。納め終わったM子さんの顔は晴れやかだった。ぼくはOさんとの約束が果たせたような気がした。

葬儀の風景その2　床屋の椅子

九四歳、床屋のじいちゃんが急死した。月に三人だけ散髪に通ってくる客がいた現役の床屋だった。じいちゃんが店を開いたのは六〇年以上前のことだ。それ以来毎日、同じ時間に起き、同じ場所でお茶を飲み、新聞を読み、時々お客の髪を切った。この仕事場がじいちゃんの生きる場であり、すべてだった。息子のSさんにぼくは「じいちゃんそのものこの仕事場で葬儀を出すのはどう」と聞いた。すると彼は「そんなことしたら床が抜ける」と言って笑った。仕事場には古い理容椅子があった。お尻の部分のバネが少し飛び出し気味だが、なんとも座り心地がよさそうだ。座り心地を確かめたぼくはSさんに「じゃあ、神宮寺でやろう。葬儀の時、この理容椅子持ってきてもらえるかな」とお願いした。Sさんは驚いたが、「ぼくがじいちゃんの最後の客になるから」とだけぼくは言った。

葬儀の際、禅宗などでは導師（引導を渡す役目の坊さん）は曲彔《きょくろく》という立派な椅子に座り引導を渡す。その曲彔の代わりに理容椅子を使いたい、という思いがぼくにはあった。その椅子がじいちゃんそのものだと感じたからだ。

葬儀当日、六〇年間使い続けた理容椅子が葬儀会場に持ち込まれ、ぼくはそこに座った。

ぼくは坊さんになるまで髪を伸ばしていた。だが修行に行かねばならず、その直前に髪を切り、頭をそってもらった。俗界から坊さんの世界に入る現実を床屋の理容椅子の上で否応なく

葬儀場に置かれた理容椅子

実感させられたのである。つまり床屋さんによって「坊主になれ！」と引導を渡されたわけだ。それ以後、ぼくはこの椅子に座ることは一度もなかった。剃髪は自分でやったからだ。だが、葬儀当日、ぼくはじつに三〇数年ぶりにこの理容椅子に座った。かつてこの椅子の上で引導を渡されたぼくが今度はじいちゃんにお返しの引導を渡すために。

渾身の「一喝」が響いた。理容椅子を運び、そこに座って渡した引導の意味を息子のSさんはじめ親族全員が理解してくれた。何よりも「オヤジの葬式だった。よかった」というSさんの言葉が忘れられない。

葬儀の風景その3　見送る覚悟

お店を持たず訪問販売だけで自然食品を商っていたDさんが死んだ。がんが急激に悪化し、あっけない死となった。病院から神宮寺に搬送し安置後の枕経を終え、打ち合わせに臨んだ。ひとり息子のA君は定職がない。Dさんの蓄えもない。そのことはA君からの事前相談で知っていた。でも葬儀にはお金がかかる。いかに節約しても棺や骨壺などの費用が必要になる。葬儀社のパッケージ（セット）は便利だが高額でとても彼には支払えない。このような場合、神宮寺では最低限必要で安価な葬儀用品を単品で買い入れる方法を提示する。それらを組み合わせれば驚くほど安く葬儀ができる。だが、決して粗末な葬儀にはならない。なぜなら喪家を完璧にフォローするシステムが神宮寺にはできているからだ。葬儀社が入らないから喪家が自力で動かねばならない場面も生じるが、それを見送る側の覚悟として感じとってもらいたいと思うからだ。

父親の遺体を横目で見ながら、A君とぼくは「いかに安く、かついい葬儀をするか」に夢中になった。時は夏、遺体の傷みは早い。そこで「ドライアイスが必要だけど」とぼくはA君に言った。「どうしたら手に入るんですか」とA君。「市内の販売店に買いに行けば、葬儀屋さんより安くなる」とぼく。「買ってきます」と言うやいなや彼は家を飛び出した。A君は翌日もオヤジの布団の中に自分で買ってきたドライアイスを入れた。

Tさんが亡くなった。枕花（遺体の枕元に飾る花）が必要だということを知った娘のNちゃん（一六歳）は「父さんが好きだった花を買ってくる」と一人で花屋さんに行った。泣きながら花を選んでいると、花屋のおばちゃんが「どうしたの」と声をかけてくれた。「お父さんが死んだ」とNちゃんは正直におばちゃんに話した。するとおばちゃんはNちゃんと一緒に花を選び、最後に「これも持って帰って飾ってあげて」と小さな花束を作ってくれた。

大切な人を見送るのはいったいは誰か？　を考えさせられる。すべてを業者に丸投げし傍観していたのでは、心に残るストーリーは生まれてこない。

こういった葬儀の風景は神宮寺の葬儀へのかかわり方を見せると同時に、遺された人々が故人の生前の意思や想いをどう受け取るか、どのように記憶に残すか、そのためにどのように葬儀にかかわるかを具体的に見せている。

葬儀は一本の電話から始まる

神宮寺の檀信徒の場合、死亡の第一報はほぼ一〇〇パーセント遺族から直接寺に入る。しかも昼夜、深夜の別なしだ。なぜなら、『あなたが旅立つ日のために』には、「亡くなったらすぐ神宮寺に第一報を」と明記されているからである。しかもご丁寧に「二四時間対応」となっている。

真夜中の第一報に対応するのはぼくか妻になる。搬送にあたり必要な事項を指示し、搬送先をどこにするかを聞く。真夜中でも搬送はいくつかの業者が動くが、もっとも安価で親切な業者に寺から依頼する。寺への搬送はここ数年、全葬儀の七〇パーセント近いが、その場合は、受け入れ準備が必要となる。布団、シーツを整え、枕飾りや枕花を用意して遺体の到着を待つ。搬送先が自宅の場合は、遺体の到着時間に合わせて枕飾り・枕花を持参し出かける。真夜中であろうと、早朝であろうと、この行動は変わらない。遺族が少ない場合など、搬送後の遺体を業者と一緒に運び入れることも多い。遺体を布団に寝かせ身繕いをし、時には清拭や着替えをすることもある。その後、枕経があがる。枕経の意味を説明し、これからの葬儀の打ち合わせに入る。

打ち合わせはぼくと喪家との間で行う。打ち合わせ事項はあらかじめシートになって用意されているが、『あなたが旅立つ日のために』にある「葬儀の意義」と「葬儀の流れ」を見てもらいながら説明を開始する。火葬時間が葬儀の日程を左右するため、火葬手配をまず行う。松本市の場合、火葬手配は行政窓口となるため、時間外は市役所宿直に連絡しなければならない。それもほとんどの場合、ぼくの仕事。火葬が決まったところで、細部の打ち合わせに入る。日程、場所（ほとんどが神宮寺）、規模（会葬人数）を予測し、準備品を確認し、大まかな費用計算までを行う。

費用は、枕経と打ち合わせ（二万円）、納棺、通夜（両方で三万円）、葬儀・導師謝礼（一〇万円〜）、戒名料（六字戒名＝居士・大姉《だいし》号は無料、院号は七万円〜）、出棺のお経と立ち合い（二万円）、火葬場でのお経（二万円）、初七日（二万円）、書き物（一万円）に分類され、それぞれ単価が記載されている。その中での必要な項目の積算が「お布施」となるが、あくまでも目安であることを伝える。ここ数年の平均布施額は二八万円ほど。また、会場費関係は、枕飾り、祭壇、通夜室使用、葬儀用仏具使用、会場使用、冷暖房という項目が立てられている。この中で、檀信徒の場合は、枕飾り一式、葬儀用仏具一式は無料。通夜室は神宮寺の家族葬ホール「でんりゅう」が使われることが多く、その使用料が二万円（一泊）、葬儀会場使用料は三万円（ホール一日使用の場合）となっている。すべてについて檀家外は三〇パーセント増しとなっているが、近隣葬儀社のホールを使用した葬儀に比べると二分の一～三分の一ほどの出費で済む。やり方によっては五分の一以下で済む場合もある。

費用計算（概算）は重要だ。葬儀にいくらかかるのか、不安を持つ人は多い。葬儀費用は葬儀社という専門業者の独占領域で、単価がよくわからない。しかも葬儀社によって、互助会システムや組合・会員システムを採っているところがあり、正確な料金が見えてこない。また、料金はパッケージ化されている場合もあり、そうなると単価がより見えにくくなる。加えて、家族の死に出合った喪家は混乱し不安になっている。だから、費用の問題は不安を感じながらも葬儀社に合わせてしまう場合も多い。その点を考慮し、よりわかりやすく、発生する費用の説明をし、無駄の省き方を伝え、納得できる費用計算を打ち合わせ段階で、喪家の目の前で行う。

枕経後の打ち合わせは、家族の不安を取り除き、最後のお別れの儀式に家族が集中できるように持っていく配慮が重要だ。そのために、打ち合わせにはしっかり時間を割くことになる。

その後、打ち合わせに基づき、関係者に連絡をする。関係者とは、葬儀社、花祭壇製作者、仕出し屋などである。これらの作業は普通ならすべて葬儀社が行うものだが、神宮寺の葬儀はこのように寺が深く介入し、寺が動くのだ。

全面介入！

神宮寺では葬儀改革を始めてから、葬儀にかかわる調査を行い、それを基に二つの葬儀パターンを作り上げた。

・パターン1　神宮寺が主導するが、必要に応じて葬儀社がサポートする。
・パターン2　神宮寺が全面的にかかわり、葬儀社が入らない。

パターン1、2ともに神宮寺が深くかかわるが、葬儀まで時間的余裕がない、喪家が自力で動けない、加えて経済的に問題がない場合はパターン1を提案する。葬儀の一部に葬儀社がかかわることによって、費用は発生するが喪家の動きが楽になるからだ。一方、経済的に厳しい場合には、できるだけ安く、しかも納得感のある葬儀を行うため、神宮寺はパターン2を提案する。葬儀社の仕事を喪家が自力で行い、神宮寺がそのサポートをするというパターンである。「葬儀の風景その3」に登場したA君やNちゃんのような場合はこれになる。

遺族が自力で葬儀準備の一部を担うことなど葬儀社丸投げの中では考えられない。しかし、自分が動けば、確実に費用は抑えられ、A君やNちゃんが身をもって体験したようなストーリーが生まれることもある。そのために、神宮寺は選択肢を提供する。

たとえば、松本市葬祭センター（松本市の指定管理者が運営）では、棺や位牌、骨壺などの販売をしている。その金額は葬儀社に比べ驚くほど安い。しかし多くの人々はそのことを知らない。葬儀社もそのことを喪家には教えない。葬儀社がかかわる場合、葬具は葬儀社からセットとして喪家に届けられるのが普通だ。だから喪家は葬具それぞれの単価を気にもせず、届けられるものだと思い込み、ひとつひとつの葬具の価格など知ることなくセット料金を支払う。だが、A君のように喪家が自力で葬祭センターの窓口に行き、それらを買い込んだ時はじめてその差額の大きさがわかる。ドライアイスも同じだ。市内の販売店に自分で行って買い込めば葬儀社のほぼ半額で済む。搬送車や霊柩車は、これも松本市特有なことだが、市葬祭センターが動かしている。ボックス車だが、市内ならどこまで行っても一回につき六〇〇〇円ほどだ。豪華な外車の霊柩車が望みなら話は別だが、この料金はそんな望みを吹き飛ばすくらい魅力的だ。

葬儀につきものの遺影なども、パソコンを使える家族がいたら簡単に、ほぼ無料で作れる。フレームだけ「百均」で買い込めばいい。料理に関しても現在の「通夜料理」「精進落とし」の定形にこだわらなければ、ラーメンだっておにぎりだっていい。故人が好きだった料理を作ってもいい。葬儀を固定観念から外していくと山のようなアイデアが生まれる。

祭壇は葬儀には欠かせないものと思っている人は多い。葬儀社ホールの段飾り祭壇は見るからに（威圧的で）豪華だ。しかもべらぼうに高い（多くの場合、セット料金の中に入っているから単価は見えないが）。だが、本当にあんなモノが必要なのか？　またホール祭壇の左右には、子ども、孫、親戚、会社関係などの記名生花が並ぶ。これを「供花《くか》」というが、一基一万五〇〇〇円から二万円が相場だ。祭壇周りは喪家にとって高額な買い物となるわけであり、葬儀社にとっては稼げる場所となっているのである。

神宮寺は一五年ほど前から葬儀の度に「花祭壇」を設置している。威圧的な段飾り祭壇ではなく、故人が好きだった花や、季節の花をウインドウデコレーターの外部スタッフがアレンジしてくれる。そして花々の間には、松本出身のキャンドルアーティスト・Ｃａｎｄｌｅ　Ｊｕｎｅ（キャンドル・ジュン）制作の鮮やかなキャンドルが登場する。祭壇に、柔らかくあたたかいジュンの灯りが揺れ、花々を照らし出す。じつに美しい。

神宮寺の供花含み生花祭壇

この花祭壇は、祭壇と生花を一体化させるという経費節減の工夫をしている。つまり、生花をお供えしたいという希望を持っている人たちが、一基分の「供花料」を（お金で）喪主に渡し、美しく心あたたまる祭壇を喪家と一緒に作り上げ、供花者の名前を祭壇横に掲示するというものだ。

たとえば、神宮寺方式の生花祭壇の製作費用が、「お花代＋制作費＋火葬場用花束＋会葬者の持ち帰り用花束作り」という四項目込みで二〇万円（この金額が平均額だが、五万～三〇万円まで可能）。この花祭壇に供花料として生花一基分の一万五〇〇〇円を一〇人が出したとする。すると祭壇に関する喪家の出費は、二〇万円引く一万五〇〇〇円×一〇名分＝五万円ということになる。これは葬儀社ホール祭壇の一〇分の一程度の安さだ。そればかりか供花者が増える場合もあり、喪家にとって確実に費用負担は軽減する仕組みになっている。この祭壇のことを「供花含み生花祭壇」と言うが、葬儀社はこの方式は取らない。なぜなら「祭壇＋生花」という稼ぎの多くが失われるからだ。そしてこんな方法を寺が提案することなどもありえない。神宮寺は喪家への葬儀費用を一円でも減らしたいと考えたから、大きなお金のかかる部分での削減にアイデアを出した。そして、神宮寺で葬儀を行うほとんどの喪家がこの供花含み生花祭壇を選択している。

こういうアイデアを喪家に伝え、それを一緒に実行する。それが神宮寺による「葬儀への全面介入」の実態である。

寺での葬儀が九〇パーセント

いつの頃から葬儀に多額のお金がかかるようになってしまったのだろう。島田裕巳氏の『葬式は、要らない』には、「葬式」は、「要らない」根拠について、お金がかかりすぎることが挙げられ、日本における葬儀費用の平均額が二三一万円といった数字が強調された。二三一万円の計算式をぼくは知らないし、その根拠を詮索しようと思わない。ただ、二三一万円という数字がひとり歩きし、葬儀社による葬儀費用の一種の基準になってしまったことは事実だ。つまり、葬儀はそれくらいのお金がかかるものだ、という先入観を人々に植えつけ、葬儀社はそれを基準に付加的要素を次々繰り出し、二三一万円のラインに近づけていくようになる。そして人々はそれを当然のことと納得してしまう。選択肢は提供されず、遺体を目の前にして葬儀社の進言に従う。これは、おかしい！

ならば、オルタナティブを提示できるのか？　ぼくは自分自身に問いながら、調査を開始し、情報を集めた。無駄なお金をかけず、納得いく葬儀を行うには、寺での葬儀の方がいいと思ってはいた。寺でなら、全面的に檀信徒を支援する葬儀ができると、さしたる根拠もなく考えていた。ぼく自身がその時点での葬儀に対して持っていた違和感の原因がつかめなかったからだ。そこで、行政や葬儀社の葬儀経費の多くを洗い出し、単価や必要性を調べ、選択肢を並べてみた。その結果、選択の矢印は「神宮寺で葬儀を行うのがベスト！」という方向を指し示したのである。

大きな敷地と伽藍《がらん》を持つ寺は多い。寺は何のためにあるのか？　住職とは一体何をする人か？　檀信徒が葬儀費用軽減の選択もできない現状を知ろうともせず、葬儀費用が捻出できない人々に、より安く葬儀ができる方法を提示することもなく、すべて葬儀社に任せたままお布施だけをいただく寺。これも、おかしい！

おかしい、と思った部分を修正しようと思った。それは、ぼく自身の葬儀へのかかわり方を見直すことでもあった。旅立つ人とのかかわり、喪家や遺族との対話、葬儀本来の意味の周知、それらを基にしたうえで寺を使った葬儀に踏み切った。そうしたら寺での葬儀が全葬儀の九〇パーセントにまで達した。

神宮寺での葬儀を見た人々は、寺に対するイメージを変えた。もちろん葬儀に対する固定観念は崩れ去った。喪家や遺族には自分が主体となって大切な人を見送る、という主人公意識が生まれ、「葬式」は、「要らない」どころか、葬儀が熱くなった。しかも葬儀後、喪家と寺との信頼関係は堅固になった。このような葬儀を人々は待望していたのではないか、と思わせる現象が相次いだ。

葬儀社の葬儀に慣れきった人々、二三一万円もの高額な葬儀もスタンダードであると思い込んでいる人々に、目の覚めるような、本質を突いた、あざやかで、しかも安価な葬儀を提供したい……その思いが神宮寺独特の葬儀を作り上げた。しかし、大手葬儀社のほとんどはパッケージからの抜き出しはしない。神宮寺のような葬儀にかかわってくれるのは、地域に古くからある小規模の葬儀社だ。その葬儀社にこのことを理解してもらい、意思共有し、協力を仰いだ。そのような葬儀社との関係性がとても心地いい。神宮寺の葬儀はそのように動いてきた。

プロの仕事

おそらくこのような葬儀への向き合い方をしている寺は少ない。ほとんどの坊さんは神宮寺がやっていることは葬儀社の仕事であると思い込み、どんなことを、どのような目的でやっているか正確な内容も知らずに批判する。それは「寺とは何するところか？」「坊さんとは何をする人か？」がわかっていないからそうなる。「坊さんは何のプロか？」という問いに答えられないのだ。世の中の仕事で、世間から認知された職業に就くこと、そこから正当な報酬をもらうことができるのは、その道のプロだと認められるということだ。だが、坊さんの専門性はわからない。もしも「葬儀のプロ」だと言う坊さんがいたら、神宮寺がやってきた領域まで踏み込むべきだ。もし「お経のプロ」だと言うのなら、そのお経で本当に遺族の悲嘆を軽減し、生きる意味を示すべきだ。もし「法話のプロ」だと言うのなら、人から聞いた話ではなく、主語を「私は……」とした実践体験を仏教の教えに結びつけて語るべきだ。そうでなければ報酬（お布施）はもらえない。だが、葬儀だけでお布施が一〇〇万円、戒名料が一〇〇万円という噂が流れる。単なる噂ではなく、ホントのことだ。とても一〇〇万円をわずかの時間でいただける「プロの仕事」には思えない。

お布施を含めた葬儀費用の全国平均が二〇〇万円以上という時代は過ぎ去り（というかその金額は維持したままで）葬儀は一気に、確実に、「小さく」なっている。神宮寺でも家族葬が五〇パーセントを超えているし、最近の葬儀社のホームページやチラシには「小さな火葬式」「小さな一日葬」「小さな家族葬」などが目立つ。そして多くの人々が小ささに慣れ、旧来の葬儀から脱却することを何とも思わなくなった。そんな中で「大きな」葬儀に対応していた仏教界は身動きが取れなくなっている。坊さん側は、あれよあれよという間に自分の周りから葬儀が去っていく、という印象を受けているはずだ。「葬儀に坊さんが必要とされないわけはない」

と息巻いてはいるが、いままでの状況とは明らかに異なり、依頼される葬儀数が減っている。そういった現実にようやく気づき始めたわけである。「遅い！」というほかはない。しかも気づいたところで鮮やかに変革・転身できるすべもない。

「小さな」お葬式は「何もしない」という究極の小ささに向かっている。「家族葬」では見送りを家族だけに限定した。そして以前の「大きい」葬式から離れる新しい形の葬式という社会的認知を得た。次に「一日葬」という葬儀前晩の通夜を省くことで、葬儀にかかわる日数を減らした合理的な葬儀が出現した。そして亡くなった場所（たとえば病院）で二四時間安置した後、火葬場に直行する「直葬」は、より簡略に最後の始末をつける方法として、かつ宗教儀式をあえて必要としない方法として急速に増加している。また、亡くなったらその場で葬儀社に遺体を渡してオシマイ、というまさに究極の「小さな」葬儀も出現している。「そんなの嫌だ」という声も聞かれるが、「望むところだ」という声が次第に大きくなっていることは事実である。

そうなったのは、葬儀にかかわる費用やお布施がブラックボックスの中にあったことが原因のひとつとなっている。また、「お布施はお気持ち」というタテマエをまといながら、多額の「お気持ち」を望む坊さんたち、つまり「お布施」に価格を明示しなかった（できなかった）坊さんたちにも責任がある。もうひとつ言えば、ひとつひとつの葬儀における坊さんのかかわり方が間違っていたことにも原因はある。「宗教者としてのかかわる領域」を極めて狭く設定し、宗派伝来の儀式だけにかかわる「楽な仕事」をしていたからだ。そこに安住しながら値段のつかないお布施を得ている。しかし、社会は葬儀の本質に踏み込んだ。坊さんたちがもっとも触れられるのを嫌がった「お布施」に切り込んだのである。社会で先鋭的に動く企業や人々の社会的常識は、仏教界を「聖域」とせずに「お布施開示」（コラム4を参照）という名目で迫ってきた。いま、仏教界は社会から喉元に鋭い刃を突きつけられている。

たしかに仏教は「聖性」「聖域」を持つものであり、人々の意識や心に大きな影響を与える偉大な教学、哲学を持っている。それが仏教の生命線だ。だが、その「教え」を伝える役割のぼくたち坊さんの行状や意識がそこから乖離している。死という悲・痛・苦の中に在りながら葬儀という別れの儀式を出さねばならない人々が、仏教の本質に触れる構造を坊さんたちは作り出していない。

「なにか、間違っている」と感じて以来、ずっとそのことを考え続けてきた。そしてその答えを出した。二〇年ほど前のことだ。その結果がここで見ていただいた神宮寺葬儀の実態である。

徹底的に死者にかかわる。死者の人生をほのかに感じながら、その人が何を思って生きてきたかを探る。そのために遺族へのかかわりを強め、真正面から死者と向き合える環境を作る。そして精一杯見送ったという意識を遺族に持ってもらう。それが神宮寺の葬儀の骨格を成してきた。しかし、神宮寺方式の葬儀にかかる労力はとてつもなく大きかった。二四時間気が抜けなかった。もし葬儀社に丸投げしたらその労力は一切なくなる。だが、丸投げしなかった。事前相談、遺体の搬送手配から運び込み、安置、管理、遺族の宿泊、食事の世話、施設運営……すべてぼくと副住職、そしてわずか四名の神宮寺スタッフがやりきってきた。お金のかかる葬儀を見直し、葬儀の本旨を崩すことなく徹底的に費用の削減をする。そして葬儀の意味をわかりやすく遺族に伝え納得してもらう。それがプロフェッショナルの仕事だ。

丁寧に死に逝く人や遺族と向き合った時、お布施は真正面から堂々といただくことができる。それがぼくの「お布施」に対する定義である。「お布施はお気持ち……」そんな甘い世界に生き続けていると腐りは急速に進む。

会葬者のいないお葬式

先に登場したMさんの話に戻る。

Mさんの両親、姉、兄はすでに他界している。残されたのはMさんと妹。妹は重度の障害を持っていて救護施設に入所中。奥さんとは離婚。二人の子どもがいるが、関係を持ちたくないという。このようにMさんは重い荷物を背負っていた。その荷物を下ろす必要があった。しかし残されたいのちに対して、下す荷物の重量と作業の分量があまりにも大きすぎた。だから必死に頼れる場所を探した。その時思いついたのが神宮寺だった。

「住職、頼みます。すべてお願いします」。Mさんの必死の言葉が耳から離れない。ぼくは神宮寺を頼りになる寺にしたかった。地域の人々に頼られる寺にしたかった。だからさまざまな地域活動に入り込んだ。そして葬儀を改変した。それはMさんのような人が現れても、対応ができる寺でなければならないはずだ。だからMさんの依頼に「わかった。引き受けた」と言った。そしてMさんはすべての荷物をぼくに託し、身軽になって旅立った。訪れる人が誰もいない本堂の一室で、Mさんの死に顔を見つめながら、ぼくはそれまで十分にかかわれなかったことを悔い、謝った。そして「しっかり見送るからね」と誓った。

一月四日早朝、Mさんの葬儀が死後五日間を過ごした神宮寺で行われた。会葬者のいない葬儀だった。だが、ぼくはいつものように真剣に向き合い、引導を渡した。戒名は旦《たん》光《こう》輝《き》眩《げん》居《こ》士《じ》。時は正月。元旦の光があなたの旅立ちをまばゆく照らしているよ、そしてあなたが両親からつけてもらった名前から「輝」という一文字を使わせてもらったよ、ということをぼくは棺の中のMさんに伝えた。お経をよみながら、一人のいのちにかかわることの重大さをひしひしと感じた。

一月四日のMさんの葬儀から始まり、二〇日ほどの間にぼくは一三人を見送った。その一人ひとりに、前記したような半端でないかかわり方をした。厳しかったが充実していた。これは、たぶん葬儀社ホールにお経をよみにいくだけの坊さんでは、絶対味わえない達成感だ。

コラム5　葬儀屋さんが、泣いた日

二〇一八年五月、ぼくは全国組織の葬儀社グループの幹部研修に講演を頼まれた。ぼくをそのグループに紹介したのは、第一生命・ライフデザイン研究所の小谷みどりさん（前出）だった。小谷さんは仕事柄、葬儀屋さんとの付き合いは深く、葬儀社が抱える悩みや問題の解決に適切なアドバイスをしている。その小谷さんから「髙橋さん、神宮寺でやっている葬儀のこと、話してやってください」という依頼があったのだ。何で葬儀屋さんが田舎寺の葬儀に興味を持つの？とぼくは思ったが、面白そうだったので引き受けた。

葬儀屋さんと坊さんとの関係はなかなかシュールだ。坊さんの性格や行状などを葬儀屋さんは熟知していて、どうしたら坊さんたちを気分よくさせるかというノウハウを心得ている。だから葬儀場に到着した坊さんを深々と頭を下げて迎え、入堂の際、会葬者に「ご導師、〇〇宗△△寺ご住職さまがご入堂されます。起立し、お手を合わせてお迎えください」といった案内をする（ぼくはそんなことされると背筋がゾクゾクするほど気持ちが悪いから、時間が来たら案内の前にスタスタ会場に入っていくようにしているが）。葬儀屋さんたちはそのように坊さんは「おエライ」と思わせているが、本心からそんな風には思ってはいない。坊さんたちはそれに気づかず気持ちよくさせていただいているだけだ。

葬儀社グループを統括するA社長が、神宮寺の葬儀をよく知る小谷さんから神宮寺の葬儀内容を聞き、興味を示し、ぜひ話が聞きたいとオファーに及んだというわけだ。Ａ社長が興味を示したのは、ぼくがほとんどの葬儀で制作している故人の映像を含めた「その人らしい」「オーダーメイド」の葬儀だったという。

葬儀に向けて、ぼくはさまざまな準備をする。これらの準備作業は、毎回、ほぼ同じ順番で、同程度の時間をかけて行われるのだが、多くの時間（約六時間）を葬儀の冒頭に遺族に見てもらうための映像作りに費やす。故人の生涯を、本人や家族から聴き取った言葉や写真を基に映像化するのである。

最近、結婚式で、新郎新婦の誕生からなれ初め、結婚までを映像化し、招待客に視てもらおうという企画が多くなっているが、それとこれとは根本的に異なる。結婚式は二人のためにあればいい。だが、葬儀の場合の映像は、それが故人の一生の軌跡として、生き方として、それぞれのシーンを知る遺族の心に確実に映え、残るものなのだ。意味のわからないお経だけが流れる葬儀。心に響かない義理的な弔問客の言葉や弔辞。そんなものに感動し癒される遺族は多くない。あの日、あの時の故人のシーンが再現され、その時の言葉が甦る。それを導き出すのが音楽だ。それが葬儀の冒頭で映像化されて流される。その映像も含めて、神宮寺では葬儀の内容をスライドで案内し、説明している。祭壇上部のスクリーンに葬儀内容の簡明な解説や戒名、引導法語が映し出されるのである。それは遺族にこの葬儀の意味や内容を少しでもわかってもらいたいという切なる願いからなのだ。

映像を作るためにはきっちりした聴き取りが必要になる。ぼくの主観で作り上げてはならないからだ。遺族や亡くなった本人の言葉での構成が鉄則となる。一五年ほど前から始めた葬儀冒頭で流す映像はすでに六〇〇点を超え、多くの遺族の感動を呼んでいる。一般の会葬者はすでに葬儀の既成概念を持って葬儀場に来るのだが、神宮寺の葬儀はまず冒頭からそれを崩しにかかる。今日の葬儀は誰のためのものであるかを会葬者に認識してもらうため、スクリーンに映し出された故人と、会葬者自身が過去（生前）の中で再会してもらうという状況を作り出すのである。

Ａ社長の意思を知ったぼくは、講演の中でパワーポイントに納めた二つの映像を視てもらった。すると会場は異様な雰囲気に包まれてきた。グスグスという鼻をすする音が聞こえ、多くの人がハンカチを取り出しはじめた。葬儀屋さんが泣いているのだ。仕事上、自分の使命を果たすためにいくら悲しくても涙は見せない。それがプロの葬儀屋だ、とぼくは思っていた。だが彼らが泣いたのだ。しかも映し出されているのは彼らとは何の関係もない、神宮寺の檀家さんの映像なのである。

葬儀屋さんたちは多分、こんな葬儀をやりたかったんだとぼくは思った。定番化した葬儀から抜け出したかったんだ、と。これは新しい葬儀のカタチとして消費者に（新商品として）アプローチできる。しかもそれは会葬者でもない、遺族でもない、喪家でもない、故人に焦点を当てた葬儀である。そんな思いがあり、それをやっている神宮寺葬儀を視てやろう、と思ったのかもしれない。でも、それを視た時、彼らは涙を止められなかったのだ。葬儀屋さん、これがホンモノのお葬式だよ、とぼくは言いたかった。そして、このような葬儀にこれからは確実に向かっていく。うわべだけの悲しみで作り上げられた葬儀は、大切な人を亡くした人々には確実に見破られる。そのことをぼくは葬儀屋さんたちに伝えたかった。

「葬儀屋さんが、泣いた」映像を含む神宮寺葬儀の一端をお見せしよう。

生ききる力 「CLOSE YOUR EYES」

二〇一三年一二月八日、九四歳の女性B子さんが亡くなり、神宮寺で葬儀が行われた。この日は七二年目を迎えた真珠湾奇襲・太平洋戦争勃発の日にあたっていた。

松本市近郊に生まれ、二二歳で陸軍将校のもとに嫁いだB子さんの人生は戦争に翻弄された。開戦直後、夫は一歳半の長女とB子さんのお腹の中の子を残して出征するのだが、日本を発つ前に「遺言状(遺書)」を残している。そこには、この闘いは日本の岐路であるから、一命を賭して赴くという決意が述べられ、妻・B子には二児の養育に万全を期すようにということが書かれている。そして生まれてくる子どもの命名がされている。「胎児は、男児なる場合はS、女児なる場合はT子と命名する」と。

そして一九四二年二月一三日の夜明け前、フィリピン・バターン半島のジャングルでの交戦で夫は敵の弾丸を頭と胸に受け、壮絶な戦死を遂げる。

次女T子さんはB子さんの夫が戦死した三ヶ月後に生まれた。二人の娘は父親の顔を知らない。T子さんはこう言う。「お父さんに会いたかった。父もそうだったに違いない」と。

B子さんの夫は「遺言状」の中で二人の子どもたちにこう命じている。

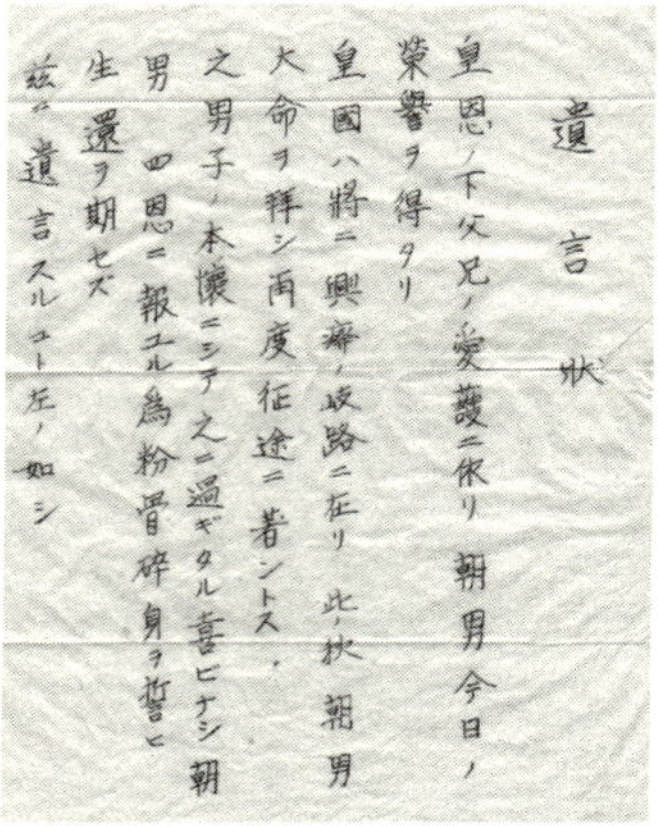
遺言状

皇恩ノ下父兄ノ愛護ニ依リ　朝男今日ノ
栄誉ヲ得タリ
皇國ハ将ニ興廃ノ岐路ニ在リ　此ノ秋　朝男
大命ヲ拝シ再度征途ニ着ントス。
之男子ノ本懐ニシテ之ニ過ギタル喜ビナシ　朝
男　四恩ニ報ユル為粉骨砕身ヲ誓ヒ
生還ヲ期セズ
茲ニ　遺言スルコト左ノ如シ

B子さんの夫の残した遺言状（一部）

「二人は父亡き後、母の命《めい》を守り、寸時も修養を怠らず、素直に成長し、軍人の遺児として恥じざる様、有為の人間となるべし」

夫は妻にも厳しい遺言を残している。「遺骨は必ずしもお身の許に帰るべきものにあらず。斯くの如き場合にあっても女々しき振る舞いあるべからず。骨は〇〇の墓地に埋めるよう希望する」と。自分が死んでも遺骨が帰ることはまずない。そのような場合、女々しい振る舞いをしてはならぬ、という厳命が夫から妻に下されているのだ。B子さんは夫の遺言通りに子どもたちを育てた。長女N子さんは「父親のいない子だからと人に言われないように、母はいつも身ぎれいな服を用意してくれた」と語る。

夫が死んだのはB子さんが二四歳の時だった。当初は戦争未亡人として多くの人々が同情し、庇護を受けた。しかし、その後は二人の子どもを抱えながら、親戚の家を転々とする生活が続いた。二人の子どもを道づれに入水しようと思ったことも何度かあったと、B子さんは生前ぼくに語ってくれた。だが彼女は耐えた。そして人前では決して泣かなかった。それは夫の遺言だったからだ。深い悲しみは一人で背負った。そして一人で泣いた。

葬儀の日、ぼくは彼女の写真を映し出した。花嫁姿の美しいB子さん、軍服姿の夫と並ぶ初々しいB子さん、晩年、二人の娘、孫、ひ孫たちと談笑するB子さん、それらの写真のバックに長渕剛さんの「CLOSE YOUR EYES（＝瞳を閉じれば）」が流れた。この曲のフレーズには「私の胸の中に帰っておいで／気高いあなたの勇気を抱きしめたい」とある。そしてぼくは二人の子どもに向けて映像の中に次のようなメッセージを書いた。

「いま、B子さんは七二年前に旅立った夫のもとに向かう。別れた後、夫の言いつけを守り、二人の子どもを守りぬいたその勇気に、夫はきっと『がんばったね』『ありがとう』と言って抱きしめてくれるに違いない」と。

映像を凝視する二人の娘の泣き声が聞こえた。

B子さんは夫の死や対外的な苦しみの中で、一時は死を選択しようとした。だが、彼女は死の淵でとどまり、最後まで生ききった。それは二人の娘がいたからだ。愛する夫からその養育を義務づけられていたからだ。そして何よりも愛する娘という、かけがえのない存在を守りきろうとしたからだ。それが彼女の「尊厳」だった。その「尊厳」を守ること……彼女が生きた理由はそこにある。死を乗り越えて生きた理由はそこにある。

看取りの情景 「糸」

その日の午前、末期がんのM子さん（七四歳）のベッドに夫のHさんが添い寝した。夫は妻の手を握りながら妻が好きだった歌謡曲を歌った。意識を失っていた妻は、五二年間聞き慣れた夫の声に反応し夫に顔を向けた。

午後、長男は、旅立つ母の不安を察知し、どうしたら母が安心できるかを考えた。そして「大丈夫だよ、オレが一緒にいるから！」と、痩せこけた母を自分の腕の中に抱いた。しばらくして、母は息子の腕の中で呼吸を止めた。

最近、在宅死が増えている。その多くは重度の症状を伴いながら病院から帰宅した人々だ。厚労省は二〇〇五年以降、特に末期患者の退院支援、日常の医療支援、緊急時支援そして看取り支援を二四時間、切れ目なく行う体制を整備している。だが、家族にとって在宅で病人を抱え、看取りまでを行うことは容易ではない。しかしこの家族は「家に帰りたい」というM子さんの願いを真正面から受けとめ、M子さんは最期の一週間を住み慣れた我が家に戻り家族と過ごした。

死の三日前、三人の子どもたちは母をベッドから起こし車椅子に乗せた。子どもたちは母が人生の大半を生きた自宅の周りの情景をどうしても見せたかったのだ。長女は「たとえ母の寿命が縮まってもいい！」と覚悟を語った。死を迎えようとしている母がいま、何をしたいのかを考えた末の行動だったのだ。雨が降りしきる中、タオルと毛布でぐるぐる巻きにされたM子さんは最後のお出かけをした。ベッドではずっと目を閉じていたM子さんのまぶたがパッチリと開いた。そして「柿がきれいだね」とはっきり言い、長年飼っていた金魚にも話しかけた。

M子さんの納棺では九人の孫たちがばあちゃんを棺に入れた。棺を担うのも孫たちだった。そしてお別れの言葉は祭壇前に九人が横一列に並び、大きな声で「おばあちゃん、ありがとう！」と叫んだ。孫たちを無条件で愛したM子さんへの孫たちの感謝の言葉だった。

「産んでくれてありがとう、育ててくれてありがとう、孫をかわいがってくれてありがとう」。

これは子どもたちの感謝の言葉だ。

「家で看取らせてくれてありがとう」。これは家族全員のM子さんへの感謝の言葉だ。

葬儀の冒頭、EXILEのATSUSHIが歌う「糸」が流れた——逢うべき糸に出逢えることを、人は仕合わせと呼びます——と。

悲しみは私が受け取る「セノヤ」

親友の歌手イ・ジョンミ（李政美）さんから「Aが死んだ」と連絡があった。

Aのオモニ（母）は五年前、九一歳で亡くなり、神宮寺の永代供養墓「夢幻塔」に眠っている。オモニは全羅南道宝城《チョルラナムドポソン》で生まれ、極貧の中で幼少期を送り、学校に行くことすらできなかったという。一足先に日本に来た父を追って海を渡り、葛飾・堀切に居を定めた。しかし、無理やり結婚させられた相手は借金と暴力に明け暮れ、別の女性と一緒になって消息を絶った。その後、縁あって二度目の結婚をしたオモニは、四〇歳過ぎてAを授かった。「いいことなんかなんにもなかったよ。不幸になるために生まれてきたようなもんさ」というオモニの姿は、梁石日《ヤンソギル》の小説『血と骨』（幻冬舎文庫、二〇〇一年）で、夫・金俊平《キムジュンピョン》の尋常でない暴力と放蕩に耐える妻・李英姫《イヨンヒ》と重なる。

オモニはAを宝物のようにして大切に育てた。しかし、彼はツッパリグループの中でシンナーを覚え、生活は破綻していった。そんなAを支えたのは、彼が一五年かけて卒業した南葛飾高校定時制の木川恭先生であり、当時そこで朝鮮語の講師をしていたジョンミさんだった。

シンナーで痛めた身体と生活の乱れからAは精神を病んでいった。オモニは死ぬ前に「あの子がかわいそうで、かわいそうでしかたがないんだよ」と泣いたという。

オモニに心底愛されたAは五〇歳の生涯を終えた。「困ったやつだ」と言いながら最後まで彼を支えた人々が葬儀に参列した。木川先生は会場の片隅から棺の中のAを静かに見守っておられた。

お葬式は東京の斎場で行われ、ぼくのお経と最後までAの面倒を見たジョンミさんの歌で見送ろうということになった。

ジョンミさんは出棺にあたり「セノヤ」を歌った。セノヤとは船を漕ぐ漁師の掛け声……嬉しいことは海にさしあげ、悲しいことは私が受け取る……という息子に対するオモニの人生そのもののような歌詞だ。ジョンミさんの清冽な歌声が旅立つ彼を包んだ。Aはこの世で彼をあたたかく見守った人々の「セノヤ」の掛け声に送られ、彼岸で待つオモニの胸に飛び込んでいった。

ロックよ静かに流れよ　「リンダリンダ」

友人のK子さん（六二歳）が亡くなった。甲状腺（未分化）がんという厳しい病にかかり、余命三ヶ月という告知を受けたが、一年四ヶ月を生きた。二度の結婚、そして離婚が物語るように、「いばらの道を裸足で歩く」ような真正直な生き方をした女性だった。木彫りの仕事に携わりながら、二人の息子を育てあげた。

K子さんがいのちの最終段階に入った一月中旬、やせ細り、言葉も出なかったが、ベッドサイドで「お葬式はどうする?」という話になった。その中で長男のSは、「母ちゃんは炎の女だもんね、それらしく、だよね」と言った。ぼくはその言葉が気になった。「炎の女」と言われたK子さんは大のロックファンだったのだ。中でも好きだったのが「ブルーハーツ」。ヴォーカルの甲本ヒロトの過激なアクションと、なぜか心惹かれる歌詞を愛するファンは多い。K子さんもその一人だった。「じゃあ、葬式は『リンダリンダ』でいこう!」とぼくは言った。K子さんは大喜びし、葬儀の流れは決まった。

すべてを片付け、考えうる限りの関連する人々に別れを告げた後、K子さんは静かに旅立った。遺体は神宮寺に来た。そして三日後、K子さんの願い通り、葬儀の場でロックがはじけた。まず、ブルーハーツのギタリスト、マーシーこと真島昌利が歌う「アンダルシアに憧れて」が流れ、それに乗ってK子さんの生前の姿が映像で映し出された。

ぼくはその冒頭で、次のような言葉を映像に乗せた。

いばらの道を裸足で歩いた
つねに真正面を向いて生きてきた
一度決めたことに揺らぎはなかった
それがK子さんの生き方だった

マーシーは、「誰か彼女に伝えてくれよ／ホームのはしでまってるからさ／ちょっと遅れるかもしれないけれど／必ず行くからそこでまってろよ」と歌う。

少し先に旅立って、ホームの端《はし》でまっているK子さんの姿をイメージさせるその歌詞も、そのまま映像に載せた。そして「リンダリンダ」のライブ映像が葬儀場にさく裂した。こぶしを振り上げジャンプするファンの中に、同じようにジャンプするK子さんがいる――会葬したK子さんの友人たちはみなそう思った。

ぼくはこの映像の最後を「炎の女にはロックが似合う」という言葉で結んだ。そしてロックのビートに負けないように「般若心経」と「観音経」をよみ切った。

K子さんには八〇歳を過ぎた母親がいる。この世代の人に、しかも自分の娘の葬儀にロックを流すなんて、と心配する人もいた。しかし、葬儀後、母親は静かに微笑みながら「K子らしくてほんとによかった」と言ってくださった。K子さんの人生とともに、ロックは会葬者の心に静かに流れたのだ。それがK子さんのリビングウイルであることを、多くの人が知っていたからだ。

ありがとう「さよならの向う側」

四四歳の女性Jさんが亡くなった。二年前にJさんがスキルス性の胃がんだということがわかり、手術。そして抗がん剤治療と続いた。小康状態を保っていたのだが、亡くなる前年の一一月、再発が認められ再入院となった。初発の場合は、治療における選択肢はいくつかあるが、再発の場合、治療法はかなり限られ、現実の問題として「死」と向き合わねばならない場合も多くある。それは患者さん本人だけでなく、家族も同じだ。そのような状況に置かれたＪさんの夫は、神宮寺を訪ねてきた。

Ｊさんの病状を考えた時、選択肢は限られていた。その中で、「なんとか救いたい」という夫の強い思いが「セカンドオピニオン」へとつながっていった。セカンドオピニオンは、主治医の意見だけではなく、他の専門家にデータを診てもらい、別の意見を聞くというものだが、この二つに大差はない、というのが現代医学の常識になっている。でもそこに希望を見出したい、と彼は言った。そこでぼくは諏訪中央病院の鎌田實さんに連絡を取り、セカンドオピニオンの仲介をした。それはＪさんが亡くなるまで、ぼく自身がＪさんの夫や家族と一緒に彼女を支えるという意味を持つものだった。セカンドオピニオンはやはり、主治医と同じ結論を出した。悲しいけれど、死に向かう準備が始まったのだ。

予期悲嘆を感じながらも夫は妻に深く寄り添ったが、ついに死は訪れた。夫は涙にむせびながら「住職、いま逝きました。彼女、本当にがんばりました」と電話をかけてきた。ぼくも泣きながら搬送の手配をし、自宅へ向かった。彼は妻の手を握り続けていた。約半年間、Ｊさん夫婦と悲しみをともにし、Ｊさんの死に向かう過程を夫と一緒に見続けたぼくは、Ｊさんの葬儀をどのようにしようかと悩んだ。

前にも書いたが、ぼくは葬儀の際、ターゲットを絞る。Ｊさんの場合のターゲットは夫だった。それ以外になかった。

Jさんが亡くなる前日、夫が寺に来た。そして葬儀の話になった。死ぬ前に葬儀の話をしているわけだから、不謹慎と言われるかもしれない。だが、神宮寺の場合はそれが普通だ。その中でぼくは彼にこう言った。「つらいかもしれないが、彼女が生きた人生を、親族や友人たちにしっかり見てもらい、心の中に彼女をしまいこんでもらいたい」と。すると彼は「住職、もうできてますよ！」「四四年間の彼女の人生、一五年の結婚生活を回想し、映像化したものができあがっています」と言うではないか。

じつは彼は神宮寺の葬儀方法をよく知っていたのだ。七年前の父親の葬儀では、読売ジャイアンツの大ファンだった父親の棺の中は、ジャイアンツの応援グッズで一杯になった。そして葬儀の冒頭に流れた曲は「読売ジャイアンツ応援歌」だった。一般の会葬者は驚いたが、彼の父のジャイアンツ好きを知る人々はみな納得した。そういった経験から、いま、世を去ろうとしている妻との思い出の曲と写真を使って自分の手で映像に残し、葬儀の場で会葬者に見てもらおうとしている。しかし、この映像が突然出てきたら、会葬者はその意味がわからないかもしれない。そこで、ぼくは導入としての映像を作ろうと思った。彼がその映像を作るまでの辛く、苦しい経緯を描こうと思ったのだ。確かに彼はボロボロになり、号泣しながら思い出の映像を作り上げていた。ぼくが受け持つ仕事は徹夜になった。でもこんなことは度々起こる。いいお別れをしてもらうためなら、少しくらいの睡眠不足は関係ない。

最愛の妻を亡くした夫と同じように苦しみ、悲しみ、同じように涙を流す。このような葬儀を作り上げる。そのことによって、寄り添ってくれた存在があったとJさんが感じてくれたかもしれない。そして、Jさんの夫のグリーフ（悲しみ）は、間違いなく軽減された。そのことはそれ以後の付き合いの中で証明されている。

深い悲しみの中で夫が作り上げた映像のバックに流れたのは、山口百恵さんの「さよならの向こう側」だった。さよならの向う側には「ありがとう」が見えた。

終章　風にそよぐ木々の葉音で

二〇一八年五月六日午後九時半、「鈴木均《ひとし》がいま死にました」という連絡が入った。連絡をくれたのは彼の母親だった。四日後、ぼくは神宮寺を出ることになっていた。すべての寺務を副住職に引き継ぎ、いままで作り上げてきたNPOなどの組織を後進に任せ、寺を出ることを決めていた。その引っ越し荷物が散乱しているぼくの部屋で、翌日は大学の授業を控え、早朝の列車で京都に向かうためバッグに詰めた資料が枕元に置かれた状態で、少しでも早く寝ようとウイスキーを飲んで布団に入った直後、その電話は鳴った。

均の自宅は千葉県市川市にある。だが、ここは長野県松本市だ。距離にしたら二五〇キロは下らない。この時間では列車もない、飲酒運転になるから車も無理だ。思案した。

電話が来てから三〇分後、ぼくは高速道路を走るタクシーの中にいた。翌日の授業の資料を入れた重いスーツケースと枕経のための衣《ころも》を入れたバッグを持って。

「そうじゃのぅ、描こうかのぅ」

均の父・鈴木健夫とぼくは同い年であり、松本深志高校の同窓だった。健夫の妻・ふじ子も高校の同窓生。高校時代に知り合った健夫とふじ子は同じ宇都宮大学に進み、結婚した。二人の長男・均も同じ高校に通った。健夫はぼくが住む浅間温泉でも指折りの「鷹の湯」という老舗旅館の跡取りだった。

健夫の母・千鶴子さんは早くに夫と離婚し、老舗旅館の女将として「肝っ玉母さん」的存在で地域に名を知られていた。また、彼女は長年、神宮寺の檀家総代会・会長として活躍してくれてもいた。全国の寺の役員である檀家総代は、ほとんどが家柄を重視され、社会的な要職を務めた後、リタイアした男性が就くことが多い。だが、先代・勇音和尚の時代に神宮寺は彼女を会長に据えた。

「鷹の湯」は地域の人々を大切にする温泉旅館だった。お客さんだけでなく、毎夜近所の人々が銭湯代わりに大浴場に入れてもらっていた。千鶴子さんは政治的にも活動した。旧社会党の故・土井たか子さんとは旧知の仲であり、平和と人権が尊重される社会の在り方をつねに語っていた。

戦後一〇年目の一九五五年八月、千鶴子さんは先代・勇音和尚に「原爆で被災し亡くなった方々の追悼をしたい」と申し入れ「原爆忌」を始めた。この「原爆忌」は、その後毎年八月五日の夜、神宮寺で行われ、ぼくの代まで引き継がれ、通算六三回（年）続いた。

健夫も母の平和への意思を継ぎ、一九八八年一〇月、丸木位里《いり》・俊《とし》画伯の描いた「原爆の図」松本展開催の中心となった。もちろんぼくもその仲間に加わった。開催初日の前夜、丸木位里・俊夫妻が「鷹の湯」に宿泊され、翌早朝、お二人は神宮寺を訪れた。その年、鈴木千鶴子総代会長のリーダーシップにより神宮寺の本堂が再建されていた。

室町中期の禅宗建築を模した重厚な本堂は、用途によって六つの部屋に分かれ、それを区切るのはふすまだった。位里さんは新装なった本堂に一歩足を踏み入れるや「オオッ」と感嘆の

丸木位里・俊夫妻によるふすま絵（神宮寺本堂）

声を漏らした。目の前に真っ白いふすまが林立していたからだ。位里さんはふすまに近づき、紙を撫で、「ええ紙じゃ」と言った。丹波の山奥で漉《す》き、四百年はもつという「麻紙」をふすま紙にした優れものであることを位里さんは見抜いたのだ。

「先生、お描きになりますか」とぼくは位里さんの耳元でささやいた。すると位里さんは「そうじゃのぅ、描こうかのぅ」と即答された。その日から制作は開始され、十六羅漢図、六道図、安曇野・北アルプス、火焔山・天山・鳴沙山、松竹梅、十牛の図が丸木夫妻独特のタッチで八八面のふすまと杉戸に描かれたのである。

それから三年後の一九九一年、ぼくはチェルノブイリの医療支援に入ることになったのだが、その困難な支援活動の背中を押してくれたのが丸木夫妻であり、鈴木家であった。そして毎年行ってきた「原爆忌」はぼくの代になって徐々に大きくなり、コンサートや講演などを組み合わせ、多くの人々が参加してくれるようになった。

丸木夫妻の絵が入って一〇年後の一九九八年、「原爆忌」は「いのちの伝承」という神宮寺の夏のイベントに組み込まれた。その年、丸木美術館に収蔵されている「原爆の図」（横七・二メートル×縦一・八メートル）の原図が神宮寺本堂に初めて展覧された。

位里さんの故郷は広島だ。広島に新型爆弾（原爆）が投下されたことを聞いた位里さんは三日間かけて東京から救援に入ったのだが、その時見た地獄の光景を位里さんは「画家の使命」として描くことを決心した。そして一九五〇年(原爆投下後五年目)に初期三部作「幽霊」「火」「水」を完成させ、一九七二年までに一四部の「原爆の図」を俊さんとの共同製作で描き上げた。その後、「南京大虐殺の図」(一九七五年)、「アウシュビッツの図」(一九七七年)、「水俣の図」(一九八〇年)、「沖縄戦の図」(一九八四年)など戦争、公害、社会的な問題にかかわる大作を夫妻は仕上げていったのである。

一九九八年に開催された第一回「いのちの伝承」では、「原爆の図」第一四部「からす」が神宮寺本堂に展覧された。それ以降、丸木美術館に収蔵・展覧されている一四部のうちの二〜三部が毎年神宮寺にやってくることになった。また、その年に原爆の残り火が神宮寺に灯った。松本市内で保存していた方から、神宮寺で引き継ぎ、恒久平和の灯としてほしいと頼まれたのだ。

神宮寺は、鈴木家が始めた「原爆忌」から始まり、「原爆の図」作者である丸木夫妻のふすま絵が本堂に入り、毎年八月「原爆の図」が本堂に展覧され、入口には「原爆の火」が灯されるという寺になった。「いのちの伝承」は「原爆の図」の展覧と「原爆忌」だけでなく、コンサートや写真展、講演会やシンポジウムなどを組み込んだ大掛かりな神宮寺の夏の平和を希求するイベントになった。蝉時雨《せみしぐれ》の本堂で、「原爆の図」の前に立つ人々は、終了する二〇一七年までの二〇年間で延べ三万人を超えた。この人たちがいる限り、戦争は阻止される、そう思える「いのちの伝承」だった。

人生は楽しいことばかりだ

バブルが崩壊した頃から浅間温泉にはお客さんが来なくなった。四〇軒近くあった温泉旅館は徐々に廃業・閉鎖に追い込まれ現在は二〇軒に満たない。

「鷹の湯」も時代の流れに逆らうことができず、他の旅館に吸収された。そして健夫は経営者も旅館名も変わったその宿の勤め人（常務）になった。そして四〇歳の時、ぼくが住職になった神宮寺の檀家総代に就任してくれた。神宮寺は一気に若返り、寺改革を積極的に進めることができるようになった。

しかし、その健夫が急死する。いまから二二年前、彼が四八歳の時のことだ。

彼が死んだのは、ぼくがＨＩＶの支援でタイから帰国し、東京に宿泊していた日だった。彼の死に目に会えなかったのだ。遺体となった健夫の姿を目にしたのは翌朝、救急搬送された大学病院の霊安室だった。口や鼻からの血が止まらず、いかにも苦し気な表情をしている親友を前に、ぼくは呆然と立ちすくむしかなかった。彼が死線を越える前後にぼくは何もしてやれなかった、声さえかけてやれなかった。そのことが悔いとなり、彼の死に顔を長いこと引きずった。

健夫の葬儀は神宮寺で行われ、ぼくが導師を務めた。現役の旅館の役員であり、社会的にさまざまな影響を与えた彼を慕う人は多く、一〇〇〇人もの弔問があった。遺影に向かってのぼくの引導は嗚咽《おえつ》交じりになってしまった記憶がある。

四八歳で死んだ健夫の長男が均である。均夫婦が神宮寺墓地にある鈴木家の墓参りに来たのは二年前のことだった。ぼくは留守をしていたが、均はぼくの妻に「メラノーマ（悪性黒色腫）と診断された」と言った。均が四四歳の誕生日を目前にした頃の告知だった。メラノーマは非常に厳しい病だ。彼の場合は肛門周辺に結節ができ、すでに肺、肝臓、胆のうにも転移している可能性があるという。自分のいのちに重大な事態が起きているにもかかわらず、均は冷静だった、というよりもまるで他人事のように感じた、と対応した妻はぼくに語った。あまりにあっけらかんとした均の口ぶりに、「あんた一人の身体じゃないのよ」と妻は彼に諭すように言ったとも聞いた。

ぼくは均を生まれた時から知っているが、彼は変わり者だった。高校生の時は高下駄にマントを羽織り、学生帽をかぶって自転車で登校していた。ぼくらの高校は自由な校風が特徴で、学生服と学帽で登校する者はほとんどいなかった。だが、彼はそのスタイルを通した。早くから本の世界に入り込み、図書館を自分の仕事場とすることを決め、大学卒業後、全国でも有数の利用実績を誇る千葉県浦安市立図書館に司書として入った。彼が一番やりたかった仕事を一番やりたかった場所で始めたのだ。二三年前のことだ。図書館の仕事は均の天職だとぼくは以前から思っていた。そしてひそかに応援していた。

しかし、病魔は襲って来た。それもしたたかなメラノーマだった。

告知当初からがん研有明病院に入院したが手術はできず、近年メラノーマや肺がんに対して有効だとされる治療薬・オプジーボを使った。だが、その効果も十分期待はできないことを知った均は「やれることがないんだったら、いいよ」と言い放った。

四四歳でいのちの終わりを目前にする――何かにすがりついて生きたい、妻や子どものことを考えたら誰でもそう思う。だが、彼はそう言い切った。そういう男だった。自分のいのちの終焉に対して無頓着に見えた。生死を達観している高僧のようだった。だが、本心はそうだったのだろうか、どこかの段階でアセリを生んだり、滂沱《ぼうだ》の涙を流したのではないだろうか、とぼくは疑った。しかし、その痕跡がどこにも見当たらない。致命的な病気になっても隙あらば職場復帰を狙い、小康状態を保っていた二〇一七年の夏休みには、均がこよなく憧れていたイギリスへ家族で旅行もしている。そして徐々に重症化しても自分でイベントを作り出し、家族や友人を巻き込んでいったのだ。

脳に転移したメラノーマによって、クラッシュ（てんかん状の発作）が起きたのが二〇一七年一二月。意識は戻ったが、このダメージは均にとって大きかった。死の世界の現実を視たかのようだったと彼は言った。自分ではない自分になることを体感したのだ。そして自分が死にゆく時、このような道筋にもなりえることを予測したようだ。

だが、彼はめげなかった。聖路加病院で行われる「クリスマスキャロル」にいきたいと親・兄弟を誘い、帰途、築地でおいしい鮨を食べ、大騒ぎをしたり、三月末には日本橋から屋形船に乗ってお花見をし、その後高級果物店で豪華なパフェを食べたり、ジブリ美術館のミニツアーを企画したり……。

均の口癖は「人生は楽しいことばかりだ」だった。死を間近にしてもそれをつねに口にしていた。

見送るイメージ

二〇一八年一月、均の母・ふじ子からぼくに病状が伝えられた。ぼくはがん研有明病院に均を訪ねた。妻・久美子、弟・稔、妹・七恵、そして母・ふじ子がそろっていた。家族の輪の真ん中に座った均はご機嫌だった。さまざまなエピソードに大笑いしながら自分の葬式の相談をぼくに仕掛けてきた。

均さんとの葬儀の事前相談。
右からふじ子さん、均さん、久美子さん、著者

均自身が自分自身の葬式をどう考えているかをぼくは聞いた。

「死んだら富士見に運んでほしい」と彼は言った。

富士見は長野県と山梨県の境にあり、富士山を南に八ヶ岳を東に見る美しい場所だ。そこに均の山荘がある。祖母の鈴木千鶴子さんが女将をし、父の健夫が心血を注ぎながらも他人の手に渡った老舗旅館「鷹の湯」の離れ「一楽」を、均がこの富士見の山の中に移築していた。

そこへ搬送してほしい、と言う。この「一楽」には均が厳選した本が収蔵されている。人の人生や生き方の深遠具合を測るならその人の本棚を見ろ、と聞いたことがあるが、まさにこの一楽には均そのものが深く詰まっていた。また、均はこの山荘で久美子さんとの結婚式を挙げている。均そのものが表現されている場で家族との別れをしたい、と彼は言ったのだ。

ぼくは「わかった」と即答した。がん研有明病院の窓から八ヶ岳山麓《さんろく》の風景が見えたような気がした。そして彼を送るイメージが一気に湧いた。

本当はヒトの言葉で君を送りたくない
砂浜に寄せては返す波音で
風にそよぐ木々の葉音で
君を送りたい

序章に記した、谷川俊太郎さんが盟友・大岡信さんの死に際し表した詩の一節だ。

この別れのイメージが、均がこよなく愛した「一楽」という山荘と重なったのだ。この日、均はぼくに「髙橋さんならぼくの葬式をどんな風にやるの」と挑んできたような気がした。それに対する答えが、漠然とながら谷川さんの詩となってぼくの前に現れたのである。

ものがたりを受け渡す

均とはその後、病院や自宅で会った。三月（死の二ヶ月前）、自宅を訪ねた時、均は冊子を出してきた。「出版ニュース」（二〇一八年二月中旬号）という出版業界誌だった。そこに彼は「私たちの図書館と『ものがたり』」という興味深い一文を載せていた。

「図書館の一番大事なところはどこか、どこが一番おもしろいのか――」という書き出しから図書館がよって立つ基盤は「世界はよりよくありうるという確信」であり「図書館という活動はそのことをあらゆる『資料』を提供することで表現する一つのやり方」であると言いつつ「『資料』の本質は『情報』ではあるが「情報の質や量がどんどん変化する現代」に何か違う感じがすると疑問を呈し、「私たち（図書館）が提供しているのは、単なる『情報』ではない。『ものがたり』なのだ」と断言している。「人が本を読むのは、世界の意味を、生きている意味の『ものがたり』をつかむため」であり、もっと言えば「たった一冊の本であっても、差し出すものが『意味』を持つ『ものがたり』であることはあり得るはず」と。

均が図書館の仕事の意味を「情報」と「ものがたり」を対比させ理解していたことは賢明だと思う。そして蔵書数や貸出数が情報の提供として評価されるのではなく、一冊の本でもそこには「ものがたり」があるのだ、と言う。

この文章は均の病気が深刻化した頃に書かれたものだ。その一文にある「患者にとって必要なのは『希望』という『ものがたり』だからです」という部分は彼の本音が表れているようだ。

均の「ものがたり」論は、ドイツ出身の哲学者でユダヤ人のハンナ・アーレントの言葉に至る。「どんな悲しみでも、それを物語に変えるか、それについて物語れば堪えられる」と。そして均は「読書というのは、人が必要としている『ものがたり』を個別に受け渡すとても有効な方法」と結論づけている。

均が発したこの「ものがたり」論は、病気になり家族や愛する人々と別れねばならない自分自身の「苦」を感じ、それでも「希望」の所在を「ものがたり」に求め、自分の人生という「ものがたり」を家族に受け渡すためのものだったのではないか、と。ぼくはそんな気がしてならない。

枕経を忘れてた

均は死んだ。彼の父親の死に際にかかわれなかったぼくは、何としても彼のもとに急ごうとタクシーに飛び乗った。四時間半後、夜中の二時半に千葉県市川市にある均の自宅に着いた。静かな雨が降っていた。

自宅二階の彼のベッドには妻・久美子さんが添い寝していた。久美子さんは均が死んだ後、均のフェイスブックに「最後にね、彼が動けなくなり、声もかすれた頃、『人生で何が楽しかったと思う?』って聞いてみました。『ぜんぶ。いまもたのしい。』と彼は答えていました」と投稿している。前年末、救急車で搬送された直後、言葉も話せず、字もうまく書けない状態で彼が残した言葉は「世界は、楽しい事ばかりだ。さようなら。」だったという。

死のベッドは本来生々しいものだ。死の瞬間まで生への闘いが続いた場所であり、さまざまな関連性を持ってきたいのちのすべてを停止する場所でもあるからだ。だが、均のベッドはぼくに美しさと穏やかさを感じさせた。不思議な光景だった。

均の寝間着を作務衣《さむえ》に取り換えた。普通坊さんは遺体の着替えなどしない。だが、ぼくはやった。まだぬくもりが残る均の身体に触れることで、彼のいのちを自分の手に残したかったからだ。そしてその後、生前、均から依頼されていた富士見への搬送手続きを始めた。

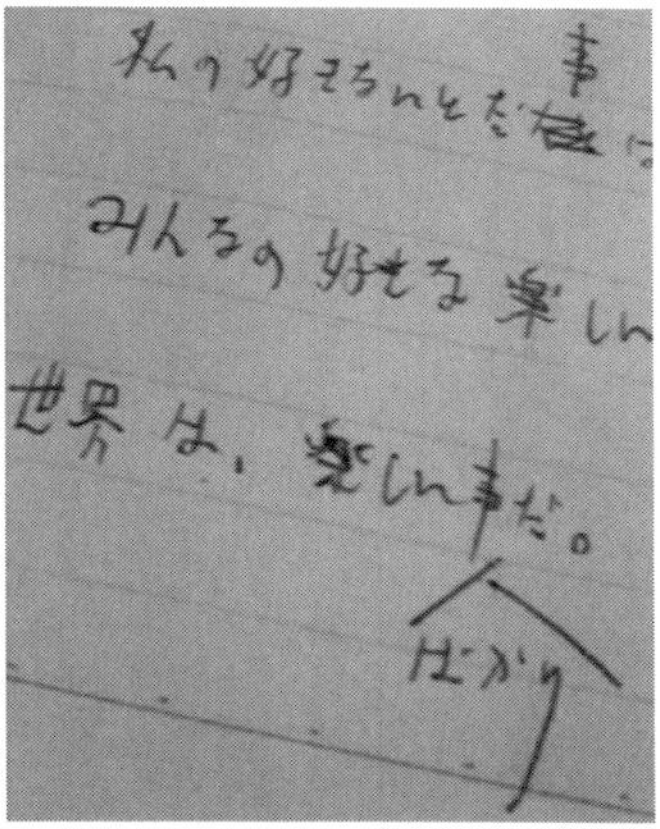

均さん直筆のはしり書き

いつの間にか夜が明けていた。その日は大学（龍谷大学）の講義日で、一〇時までに大学に入らなければならない。市川から東京駅に急ぎ、新幹線に乗った。その時、枕経をよんでいなかったことに気がついた。

その日の大学での授業のテーマは「自殺ほう助と安楽死」だった。第四章にあるスイス・チューリッヒの自殺ほう助組織「エグジット」とオランダの安楽死の実態を学生たちに講義した。ぼくの講義を受けている学生たちは全員僧籍を持っている。つまり卒業後はほとんどが寺の跡を継ぐことになるわけだ。彼らに対してぼくはずっと「寺とは何をするところか」「坊さんとは何をする人か」を問いかけてきた。そして世の中には「四苦」があふれている。それをキャッチし、「四苦」の現場に入り込み、「抜苦」の努力をするという現場主義を一貫して教えてきた。座学でいくら学んでも、「苦」を持つ人々の側には立てない、ということをぼくの実践体験から伝えてきたつもりだ。休憩時間、ぼくは携帯電話で均の自宅や搬送を依頼した葬儀社との細部にわたる打ち合わせをした。その内容を学生たちは耳をそばだてて聞いていた。もちろん前晩からここに至るまでの経緯は話しているから、学生たちはぼくが何をしているかがわかる。坊さんが死者や遺族にこのような対応をする場面を、彼らは見たことも聞いたこともない。全員に驚きの表情が見えた。そして「これがぼくの葬儀のやり方だ」と伝えた。

風にそよぐ木々の葉音で君を送りたい

均の通夜の準備が始まる頃から「一楽」の屋根を雨が打ち始めた。すでに均は棺に納められていた。棺の後ろは天井に届くまでもの本棚で、その中には彼が厳選した本たちが整然と分類され並んでいた。均とぼくの話の中で、自分が大切にしていたものの中で眠りたい、という彼の言葉から、本棚を祭壇にしたらとぼくは提案していた。葬儀社の豪華な祭壇など問題にならない素敵な祭壇だった。家族だけの通夜・葬儀になったが、誰もがそれに納得した。「均だもんね！」という言葉があちこちから聞こえた。

松本から持参した生花とキャンドル・ジュンのキャンドルを本棚の前に置いた。この組み合わせは神宮寺でいままでずっと作ってきた「あたたかさ」のパターンだ。ほのかな花の香りとやさしい光のキャンドルの中の均は「ニヤッ」と笑っていた。

均の葬儀は（現代の葬儀の流れから見れば）異例ずくめだった。それがじつに心地よかった。ぼくだけの感覚ではなく、参加した誰もが心地よさを語った。

均さんの愛書を並べた本棚の祭壇の前で
般若心経を唱える著者

まず、自宅で、もっとも大切な人々の中で死んでいったこと（これは最近少しずつ増えている）。死んだ場所から二〇〇キロ以上離れた、自分の大好きな場所まで搬送し、葬儀を行うように死者自身が指示していること。家族だけで見送っていること（この形式も最近増えている）。定番の段飾り祭壇など一切見向きもせず、自分がすべてをかけたとまで言える本が収まった本棚を祭壇としていること。通夜終了から葬儀の朝までの間に、均の弟の稔が兄のデスマスクを完成させたこと（稔は日本で唯一の「標本師」。ドイツではく製の技術を学んだ。デスマスクなどお手のモノ。ただし、デスマスクの製作依頼は妻・久美子さんだった）。翌日の葬儀は「友引」だったにもかかわらず行われたこと（大概の葬儀は六曜の中の「友引」を避ける。友を連れて行くからということらしいが、本当は何の意味もない。鈴木家はまったく無頓着で、逆に「こんな日は火葬場が空いていて楽だよね」という感じ）。そしてみんなで泣きながら「ふるさと」を歌ったりしない。

均が死ぬ前からずっと思っていたのだが、ぼくや家族は均に思い通りに扱われ、使われている……そんな気がしてならなかった。ぼくは五月八日の通夜、九日の葬儀を務めた翌日、六九年間住んだ神宮寺を若い後継住職にすべてを託し退出することになっていた。このことはずいぶん以前から決めていたことだ。そのため神宮寺の中のぼくの住まいや持ち物はこの一週間くらい前から大整理が行われ、ごみと引っ越し荷物に囲まれて生活していたのである。四二年間神宮寺で行って来た葬儀や法事のすべても、これから住職になる若和尚に任せ、五月一〇日以降は一切の寺務を行わないつもりでいた。均はそこに滑り込んだのだ。

「ぼくの葬式だけは約束通りやってよね」と均の声が聞こえた。

ぼくは臨済宗妙心寺派・神宮寺住職として、在任中の最後（になるであろう）引導を生まれた時からよく知る均に渡すことになったのである。均は棺の中で悠然とぼくが行う自分自身の葬儀を見ていた。何か不公平で均の思い通りになっている感が強かった。

通夜が始まった。ぼくは「般若心経」をよみ始めた。ぼくのよむ「般若心経」はよく「バラード」のようだ、と言われる。家族だけが均を取り巻き、彼の本たちが祭壇から見つめる中、彼のルーツである「鷹の湯」の在りし日の姿を残す「一楽」の屋根を打つ雨音とそのバラード「般若心経」が見事に調和した。

坊さんになってから四二年間、ぼくはこのような葬儀を望み続け、試行錯誤してきた。そして、やっと谷川俊太郎さんの詩にある

本当はヒトの言葉で君を送りたくない
砂浜に寄せては返す波音で
風にそよぐ木々の葉音で
君を送りたい

という送り方を均はさせてくれたのだ。究極の葬儀が完成したような気がした。

均の葬儀によってぼくは宗派仏教の軛《くびき》の中でまとっていたタテマエの僧衣《ころも》をやっと脱ぎ去ることができたような気がする。当てにならない権威や自己保身や責任転嫁や言い訳の中で、必死で「ふり」を続けてきた坊さんのぼくから「さよなら」する決心がついたような気がする。砂浜に寄せては返す波音のような、風にそよぐ木々の葉音のような、何の気負いもないお経が、すんなりよめる坊さんにやっとなれたような気もする。

それは仏教の本質からの乖離、離脱を意味するものではない。本当の仏教にほんの少し近づいただけのことだ。固定観念を揺さぶり、既成概念を疑っていけば、そうなる。そうなれば自由になり、楽になる。そして、「本当の事が云える」ようになる。

いままでぼくを取り巻いた数えきれない死者たちが、「坊さんとしてそのように生きろ！」と行方を指し示してくれていた。にもかかわらずぼくは枠の中で、あがきながら生きてきた。だが最後に、均はぼくに、その呪縛のような鎖から身をよじりながら抜け出ていく決定的な葬儀をさせてくれた。神宮寺を離れる前日のこと、奇跡のような出来事だった。

再誕の旅へ

あとがきにかえて

均の葬儀の翌日（二〇一八年五月一〇日）午後二時、ぼくは六九年間暮らし、四二年間坊さんとして生きてきた神宮寺を、妻そして飼い犬・平治とともにレンタカーで離れた。数名の友人が見送ってくれた。その時、本堂からは、長くお付き合いし、前々日亡くなった神宮寺檀家であるFさんの葬儀のお経が聞こえてきた。葬儀導師を勤めてくれていたのは谷川光昭副住職。神宮寺とは同宗・同派の寺の長男だが、いろんな縁の導きによって神宮寺の後継を引き受けてくれた逸材だ。ぼくは、その若さに満ちた張りのある引導法語を出発直前の車の中で聞きながら、「ああ、終わったな」という感慨が身体全体を駆け巡るのを感じた。

致命的な罠

ぼくは住職就任（一九九〇年）の際、ひとつの方針を檀信徒に伝えた。それは世襲を断つという宣言だった。現代の寺の世襲率は歌舞伎や能など伝統芸能の家々に次ぐほど高いと言われている。世襲とは「受け継ぐこと」であるが、寺が受け継ぐべきものは、檀信徒、土地、伽藍、人脈、地縁……。そして何よりも大切に受け継がねばならないものは、仏教の「教え」という財なのである。この大切な財の数々を「受け継ぐ」のに、果たして世襲は有効だと言えるのだろうか。

現代の寺には歌舞伎や能、茶道や華道など伝統芸能、伝統文化のような「日々精進」の姿はない。千家十職や皇室御用達のように洗練された幾多の技能を習得し用いることもない。子どもや孫を坊さんとして育て上げていく綿密なプログラムもない。しかも葬式、法事を専一に行っている寺の仕事に魅力らしいものもない。だから、寺以外から「坊さんになりたい」という意欲を持つ人材はなかなか現れない。坊さんは「何のプロか？」と問われても明確な答えは返ってこない。「ない」「ない」の連鎖が寺を取り巻く。そしてこれらが世襲を進める要因になっている。別の言い方をすれば現代の寺は「世襲するしかない」状況に陥っているのだ。

明治期、太政官布告により僧侶の有髪・妻帯が許されるようになった。その後、ほとんどの坊さんは堂々と結婚し、子どもを持った。その結果「寺」に「家庭」が入り込むことになり、人材不足も相まって自分の子どもを跡継ぎにしたうえで寺を維持する、つまり「寺を家業とする」ことが一般化した。檀家は菩提寺に世襲による後継ぎができ、自分たちの先祖供養が継続することになるのだから、それを喜び、歓迎した。しかし、そのシステムは寺の基盤である宗教を守り抜く「発心」を発露すべき坊さんたちを必要としなくなった。世襲による「家業化」が寺に入り込むということは、発心に至らなくても寺の住職としてやっていけるということになる。加えて公益性を堅持しなければならない「宗教法人」に、個人的な「家」感覚が入り込み、その結果、法人としての使命や情報公開がおろそかになる。それと同時に、法人の資産が個人の資産にすり替わってしまう危険性が高い。

第一章に登場した『納棺夫日記』の著者・青木新門さんは、死を扱う人々は常に死者と向かい合いながらも、「自分の職業を卑下」しながら、「己の携わっている仕事の本質から目をそらして」いる。「嫌な仕事だが金になるから、という発想が原点にあるかぎり、どのような仕事であれ世間から軽蔑され続ける」と述べている。この言葉は坊さんの世襲に仕掛けられた致命的な罠のことを言っている。

世襲を怒れ

こんな詩がある。

最上川岸《もがみかわぎし》

子孫のために美田《びでん》を買わず

こんないい一行を持っていながら
男たちは美田を買うことに夢中だ
血統書つきの息子に
そっくり残してやるために
他人の息子なんか犬に喰われろ！

黒い血糊《ちのり》のこびりつく重たい鎖
父権制も　思えば長い

風吹けば
さわさわと鳴り
どこまでも続く稲の穂の波
かんばしい匂いをたてて熟れている
金いろの小さな実の群れ
〈あれはなんという川ですか〉
ことこと走る煤《すす》けた汽車の
まむかいに坐った青年は
やさしい訛《なまり》をかげらせて　短く答える
〈最上川〉
彼のひざの上に開かれているのは
古びた建築学の本だ

農夫の息子よ
あなたがそれを望まないのなら

先祖伝来の藁《わら》仕事なんか　けとばすがいい

和菓子屋の長男よ
あなたがそれを望まないのなら
餡《あん》練るへらを空に投げろ

学者のあとつぎよ
あなたがそれを望まないのなら
ろくでもない蔵書の山なんぞ　叩き売れ

人間の仕事は一代かぎりのもの
伝統を受けつぎ　拡げる者は
その息子とは限らない
その娘とは限らない

世襲を怒れ
あまたの村々
世襲を断ち切れ

あらたに発《た》っていく者たち
無数の村々の頂点には
一人の象徴の男さえ立っている

（茨木のり子「最上川岸」『おんなのことば』童話屋、一九九四年）

どこまでも続く稲穂の波を見ながら動く汽車の中、向かいの席に座った青年に詩人は「（向こうに見える）あの川はなに？」と聞く。農家の出身のように見えるその青年は「最上川」と短く答える。ただそれだけのやり取りだ。だが、その青年のひざの上に建築学の本が置かれているのを詩人は見逃していない。その青年は建築家を志しているようだ。彼の親や親族は、父祖伝来の美田（田畑）を世襲させようとしているに違いない。だが彼はそっくり残された美田より建築学に興味を示す。つまり、世襲を拒否し別の生き方をしようとしているように思える……詩人（茨木のり子）は見抜いたのだ。

一代かぎり

かつてぼくは「世襲を怒れ」と結んでいる茨木のり子さんの詩「最上川岸」を、強烈なインパクトを感じながら「後ろめたさ」を持って読んだ。住職だった父の父権制におびえ、母の懇願の涙に負け、神宮寺を取り巻く趨勢《すうせい》に流され、ぼくは寺に入らねばならなかったからだ。そのことをこの詩によって厳しく問い詰められたのだ。神宮寺に入った後、ぼくはこの詩を次のように読みかえ、心に残した。

寺の息子よ
あなたがそれを望まないのなら
先祖伝来の寺なんか　けとばすがいい

寺の息子よ
あなたがそれを望まないのなら
木魚のバイなど　空に投げろ

寺の息子よ
あなたがそれを望まないのなら
仏教の本など　叩き売れ

世襲を断つには、このような気概がないとできない。だが気概だけで息巻いていても、実際この神宮寺を誰が引き継ぐか、という問題の解決にはならない。

（自分の子どもに）世襲させない寺……これは現代の寺社会では異例だ。ぼくのように二人の息子を持ちながら、その子たちに寺を継がせないことは、かえって親の怠慢と宗盟心の欠如と受け取られる。禅宗の寺の親子関係は普通の父と子という関係性より、師匠と弟子という関係の方が強い。ということは、寺の子どもとして生まれた段階で、親子ではなく師匠と弟子の関係となる。師匠の言うことに弟子は必ず従わねばならない、弟子の行く末を決めるのは師匠である、というのが禅寺の掟だ。子どもたちが生まれた時点で、すでに「世襲」は入り込んでいるのである。

ぼくは子どもたちとの間にそんな関係を築きたくはなかった。だから彼らが寺を継ぐことを是としなかった。だが、これは大きなリスクを背負うことになった。もし、神宮寺の後継者が決まらなかった場合、寺の持続が途切れるというリスクである。ぼくはいま七〇歳。一五年ほど前からこの件を真剣に考えはじめていた。世襲を断つということは、とてつもない勇気と労力と強い意志が要る作業だった。だが、それを後押ししてくれたのが、茨木のり子さんの「最上川岸」であり、次の一節であった。

人間の仕事は一代かぎりのもの
伝統を受けつぎ　拡げる者は
その息子とは限らない
その娘とは限らない

その通りだ。神宮寺におけるぼくの仕事はぼく一代かぎりのもの。それを受け継ぎ、拡げる者はぼくの血がつながった息子でなくてもいい、ということを詩人は強く言っている。ぼくは彼女の詩を頼った。そして縁を紡いで神宮寺に来てくれた副住職にすべてを託した。ぼくの仕事の継続を託したのではなく、これから訪れる新しい時代における神宮寺の仕事を託したのだ。

戦後復興から高度経済成長のど真ん中にあった父・勇音和尚の時代は、本堂・庫裡《くり》、鐘楼《しょうろう》などハード面での整備を行った。ぼくに引き継いだ頃はバブルがはじけ、八〇〇万人の団塊世代がリタイアを始めた。そこには当然ながら超高齢社会が待ち受けていた。その中で一人ひとりの尊厳が守られる社会が必要になることを見越し、「ケア」という神宮寺の地域戦略が生まれた。また、普遍的に、確実に、「四苦」があふれる社会には、それを「抜苦」する処方が必要だった。それがコミュニティケアであり、被災地支援であり、医療との連携であり、死の本質の追及であり、葬儀の改革だった。この「四苦抜苦」が釈尊に戻ること、本当の仏教に戻ることであり、地域にある寺の使命だろうと思った。だからぼくの時代は神宮寺をその方向に向けた。

そして次代を担う次期住職には、その時代が要望する価値ある仕事をしてもらいたい、と願った。ぼくのやってきたことの継承は一切考えなくていい。神宮寺を使って、思い切ってやってもらえばいい、と。

再誕の産湯につかる

神宮寺を出る直前、「ああ、終わった！」と感じたのは、正直に言えば、四二年にわたる神宮寺での仕事をやり切ったという達成感以上に、いままでずっと沈殿した澱《おり》のような仏教界にいたぼくをここで仕舞うことができる、という解放感だった。もうタテマエを気にする必要はない、自分を保全するためにウソをついたり、人の顔色をうかがったりする必要もない。自由に、正直に生きよう。そしてその先にあるぼくなりの仏教にたどり着こう。そのために生き直そう、という思いが、「（いままでのぼくは）終わった！」と感じさせたのだ。

そこには父・勇音和尚と親しく、花園大学の学長（一九八六〜一九九四年）をされていた盛永宗興《そうこう》老師が入学式で学生たちに向かってこう語った言葉が重なる。

「君たちはいま入学式に臨んでいる。だが、入学したのではない。君たちは『再誕の産湯』につかるため、いまここにいるのだ。古い自分を捨て去り、新しく生き直しをするために、ここにいる」と。

いままでのぼくに決着をつけ、生き直しのために「再誕の産湯」につかったら、どんな地平が広がるのだろう。それを見てみたい、そう思った。

神宮寺を去った後、しばらく妻の実家近く（京都）に仮住まいをし、八月、単身でタイに渡った。そしていま、チェンマイ市内の大学でタイ語を学びながら、穏やかで、自由な生活が続いている。

ぼくは大学では最年長の学生らしい。クラスメートは韓国、メキシコ、ミャンマー、中国、ベトナム、カナダ、香港から一六名。ぼくとは五〇歳も年の違う孫世代が何人もいる。記憶力の減衰は致命的だが、新しい言葉を憶えることや穏やかな環境がなんとも新鮮で気持ちよく、楽しい。だが、これは再誕の旅の準備段階だ。これからこのチェンマイという妥協のない上座部仏教の修行・発揚の地から本格的な再誕の旅を始めようと思う。

どんな旅になるかはわからない。挫折するかもしれない。旅の途上で野垂れ死にするかもしれない。そうなってもぼく自身は一向にかまわない。この旅の出発地点にたどり着いたこと自体が、ぼくには夢のような出来事だったからだ。

*

ここに至るまでに本当にたくさんの方々から言葉には尽くせない力をいただいた。

ニューギニアの洞窟で無数の戦没者の遺骨を目の前にし、遺族の号泣を聞き、お経がよめなくなったぼくに「何やっとるんじゃ！」「しっかりよまんかァ！」と鉄槌を振るい、坊さんの使命は「苦」の真ん前に立ち、全身を「苦」にさらし、そこから「苦」を掬《すく》いとっていくことだ、ということを全身全霊で教えてくださった山田無文老師（元妙心寺派管長）。

「仏教は世の中の苦を救う。だが、現代社会においては、科学や医療の分野といっしょにやっていかねばならない。君のやろうとしているチェルノブイリ支援や医療との連携は、現代仏教の生き方のひとつだ」と、ぼくの活動やその方向性を肯定的に受け止め、応援してくださった盛永宗興老師（元花園大学学長）。

「戦争は人間が起こすもの。ピカ（原爆）は人が落とさにゃ、落ちてこん」と語り、戦争や公害によって不条理の中に死んでいった人々へのまなざしの向け方を教えてくださった丸木位里・俊画伯。

「死とはこういうものだ」とばかりに、死にゆく姿をぼくの前にさらけ出し、自らの死をもってその本質を見せてくれた父・勇音和尚。苦しい生活の中で、生まれてからずっとぼくを守り抜いてくれた母。

ぼくが勤めた最後の葬儀を「浜辺に寄せては返す波音で／風にそよぐ木々の葉音で」見送らせてくれた鈴木均君をはじめ、ぼくの目の前でいのちを終えて旅立った多くの人々……これらすべての人々が厳しい言葉をぼくに投げかけ、ありのままの姿を見せつけることでぼくを応援し育て上げてくれた。そのすべての方に深く感謝したい。

そしてこの書の帯を書いてくださったお二人。尊敬と憧れがぼくの中に同居している鷲田清一さん（元大阪大学総長）、そして四〇年間思い切り付き合ってくれた鎌田實さん（諏訪中央病院名誉院長）に「互いに老い先は短いけれど、これからもよろしく」という意味を込め「ありがとうございました」と。この本が世に出るのに三年以上の歳月がかかっているが、辛抱強く待ち続けてくれた亜紀書房の小原央明さん、「本当にありがとう」。そしてわがまま極まりない「再誕の旅」のため神宮寺を押し付けた谷川光昭和尚、および神宮寺スタッフの皆さんに「ごめんね。よろしくね」と。最後に、厳しかった神宮寺での同行二人《どうぎょうににん》の旅を終え、京都で愛犬・平治と暮らし、年老いた母の介護を手伝っている妻・正子に「自由にさせてくれて本当にありがとう」と。

二〇一八年一二月四日　母がこの世にぼくを生んでくれた七〇年目の日に記す

高橋卓志

髙橋卓志　たかはし・たくし
一九四八年、長野県に生まれる。

龍谷大学文学部卒。

一九九〇年、神宮寺住職。

二〇一八年、神宮寺退職。

NPO法人ライフデザインセンター理事、龍谷大学客員教授。

一九九一年から一九九七年の六年間で三六回チェルノブイリに通い、医療支援活動を行うなど、「四苦（生・老・病・死）のケア」を実践している。

著書に『チェルノブイリの子どもたち』（岩波ブックレット）、『寺よ、変われ』（岩波新書）、鎌田實医師との共著『生き方のコツ　死に方の選択』（集英社文庫）など多数。

さよなら、仏教
タテマエの僧衣《ころも》を脱ぎ去って

二〇一八年一二月二六日　第一版第一刷発行

著者　髙橋卓志
ブックデザイン　鈴木成一デザイン室
イラストレーション　早川志織
発行所　株式会社亜紀書房
〒一〇一-〇〇五一　東京都千代田区神田神保町一-三二
電話　〇三-五二八〇-〇二六一（代表）
〇三-五二八〇-〇二六九（編集）
振替　〇〇一〇〇-九-一四四〇三七
印刷・製本　株式会社トライ　http://www.try-sky.com
ISBN978-4-7505-1570-0 C0095